運動健康科學概論

蘇俊賢、彭淑美、彭賢德、張又文、陳順義、張瀞文、
唐慧媛、戴旭志、劉宏祐、祁業榮、蔡瀚輝

編著

Ⓝ全華圖書股份有限公司

序言

　　本書作者群從學生、教師、教練的三、四十年經驗中，深深感受到運動健康科學知識有如山水相連般、相互作用。由於運動健康科學知識主題、內容的廣泛及參與對象背景與興趣的不同，在傳輸運動健康相關的完整訊息成為相當棘手的課題。作者群學習運動健康科學的養成學術機構有台灣、日本、美國及澳洲等，相信在多國的教育文化背景之下，針對運動健康科學知識的描繪，具有相對客觀與豐富的筆觸。

　　近年來運動健康相關產業，引爆趨勢般的發展，進入超運動時代，當運動健康變成一種流行，今日與未來的行銷、創新都不能錯過運動健康科學知識相關主題。在 2007 年 11 月由美國運動醫學會和美國醫學會正式提出運動是良醫作為一種學術理念和健康促進研究主題。2010年首次召開「全世界的健康處方」的「運動是良醫」全球大會。美國運動醫學會 (American College of Sport Medicine; ACSM)，在年度的運動體能相關產業趨勢報告指出，「運動是良醫」(Exercise is Medicine)為十大趨勢產業之一。

　　本書內容秉承運動健康科學趨勢發展，規劃解剖生理學在運動與健康體能之應用、運動生理學在運動與健康體能之應用、運動生物力學在運動與健康體能之應用、健康行為改變、體能評估、肌力與體能、運動課程設計、運動與健康職涯發展、科技與運動健康、運動安全等面向進行介紹，希望能透過共同作者群，對所屬領域知識的了解，以深入淺出的筆調，表達多種領域的內涵，以滿足讀者的需求，引發對運動健康，自我責任的認知與實踐。

編著代表　蘇俊賢　教授　謹識

2018 年 3 月 22 日

目錄

第 1 章

緒論

　　導論的主要功用在於引導讀者從一般主題進入到特別的研究領域，並透過對現行該領域的知識和背景資料概述，整理出研究領域的主要內容和重要性。本書「運動健康科學概論」，重要目的在簡明介紹運動科學及健康科學主要的學習內容，藉以協助對運動健康領域有興趣的讀者，能在最短的時間掌握學習的方向及初步了解運動健康領域的相關科學知識，以做為進階學習的基礎。

　　科學（science）一詞源於拉丁文（Scientia），其原意是指「知識」、「學問」，這是科學一詞最基本也最簡單的含義。按照維基百科（Wikipedia）對科學的解釋，認為科學是通過經驗實證的方法，對現象（原來指自然現象，現泛指包括社會現象等現象）進行歸因的學科。科學活動所得的知識是條件明確的（不能模稜兩可或隨意解讀）、能經得起檢驗的，而且不能與任何適用範圍內的已知事實產生矛盾。綜合各家學派，一般而言科學包括自然科學、社會科學、思維科學、人文科學和哲學等。

　　運動健康科學領域常見的幾個用字 Sport、Exercise、Physical Activity、Health、Wellness 等，就讓我們一起來瞭解其意涵。Sport（運動）同時包括 Physical Activity（身體活動）和 Exercise（運動鍛練），但是，不同於身體活動和運動鍛練之處，在於運動具備一組規則或訓練目標以養成特殊運動技術，運動通常含有競技的內涵。例如：個人項目的高爾夫、游泳；團隊項目的足球、籃球、棒球等。Exercise（運動鍛練），包括身體的盡力使用、即興動作和燃燒熱量等要素。這種類型的身體活動是有目的性的、結構性的、反覆性的計劃。相對於 Sport（運動），通常是沒有競技的內涵。Physical Activity（身體活動）是指任何活動具備某種形式的身體的盡力使用、即興動作和燃燒熱量等要素（圖 1-1）。這些活動導致人體做功，比平常要多一點。Health（健康）是指完整的生理的、心理的、社會的良好狀態，不僅僅只是沒有疾病或體弱。Wellness（全人健康；全適能）是指變成意識到和下決定選擇更成功生活（生存）的積極活動過程。全人健康的內涵是多面向，比較受歡迎的模型涵蓋六大面向，社會的（Social）、職業的（Occupational）、精神上的（Spiritual）、身體上的（Physical）、知識上的（Intellectual）和情緒上的（Emotional）等。

圖1-1　動態生活

　　本書把運動健康科學知識概分為：解剖生理學在運動與健康體能之應用、運動生理學在運動與健康體能之應用、運動生物力學在運動與健康體能之應用、健康行為改變、體能評估、肌力與體能、運動課程設計、運動與健康職涯發展、科技與運動健康、運動安全等面向進行介紹。

　　當解剖生理學科學知識應用到運動健康時，主要在學習人體骨架、骨骼、關節、肌肉、能量系統、心臟、肺臟等。人體骨架和骨骼範疇有人體骨架的骨骼和功能、軸向骨架（Axial Skeleton）和垂直骨架（Appendicular Skeleton）、脊柱解剖、關節種類、關節動作；人體肌肉及其如何收縮、各個關節周邊的主要肌肉群和作用；能量系統範疇包括身體產生和使用能量的路徑，無氧呼吸（Anaerobic Respiration）、有氧呼吸（Aerobic Respiration）、克氏循環（Krebs Cycle）、人體消化系統、氧債、運動對人體短期和長期的影響；循環系統需要學習心臟和血管（動脈、小動脈、靜脈、微血管）、心輸出量、血液、血壓；呼吸系統包括肺、呼吸道、呼吸機轉、肺容積（Pulmonary Volumes）、肺容量（Pulmonary Capacities）；最大耗氧量（Maximal Oxygen Consumption；$VO^2 \, max$）（圖 1-2）。

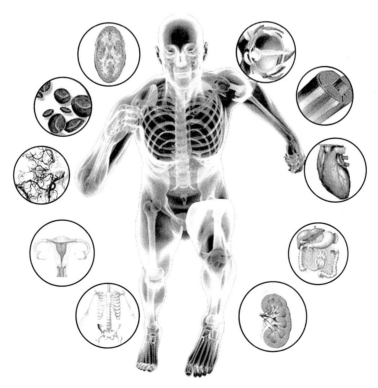

圖1-2　解剖生理學

　　運動生理學的主要學習內容包括：運動生理學的常見測量、人體內在環境的控制、生物能源、運動新陳代謝、運動時細胞訊號和荷爾蒙反應、運動與免疫系統、神經系統的構造與動作控制、骨骼肌的構造與功能、運動時循環的反應、運動時的呼吸、運動時的酸鹼平衡、運動時體溫的調節、訓練的生理（訓練對最大耗氧量、運動表現、肌力的效果）；運動生理學應用在健康與體能的主要學習內容包括：運動與慢性疾病、評估心肺適能的檢測、健康與體能促進運動處方、特殊人群的運動、健康的身體組成與營養；運動生理學應用在運動表現的主要學習內容包括：影響運動表現的因素、運動表現的實驗室評價、提升運動表現的訓練、女性運動員、兒童、特殊人群、優秀運動員的訓練、營養、身體組成與運動表現、環境與運動表現的關係、增補劑與運動表現（圖1-3）。

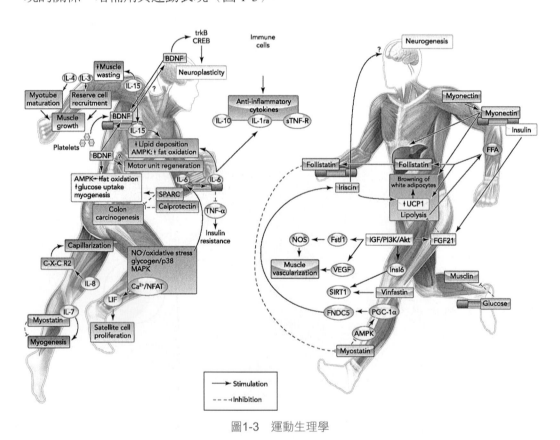

圖1-3　運動生理學

　　運動生物力學在本書中，主要介紹運動生物力學的定義與範疇、骨骼運動生物力學、肌肉運動生物力學、影響肌肉力量的運動生物力學要素、人體動作運動生物力學分析知能等。在科學術語中，力學是探討物質和力量對運動和平衡影響的科學。生物力學是探討這些原理如何應用於身體，常分為靜態和動態兩方面來探討，靜態比較關注身體如何保持平衡，動態則關注在動作中的身體。人體的移動在力學術語中可以分為兩個領域進行研究：「外源性」和「內源性」生物力學。外源性生物力學觀察動作和測量動作，以建立最有效的方法來表現動作。內源性生物力學是研究人體是如何能夠執行這些動作與個人的力學組成要件之間的關係。功能性訓練是目前健身的最新趨勢，功能性訓練原理的前提在於人體被設計來按照動作型態做功，肌肉以自然的方式進行收縮完成動作，而不僅僅在一個平面內的運動模式。運動表現由許多不同的因素影響，對如何控制運動模式以及如何補償一種運動或一系列的運動過程，生物力學功能具有深遠的影響。生活中導致運動傷害的原因很多，諸如：較差的運動技術、核心肌力、關節活動度、準備不足等。生物力學的功能性檢查將可分析骨盆、肩關節和膝關節的缺陷，以及檢查動作關鍵肌肉是否有任何較弱肌肉，較弱肌肉可能會限制運動和連鎖動作的正確運作（圖 1-4）。

圖1-4　運動生物力學

　　「健康行為」是一門衛生教育學科，其中包含辨識人類行為本質、行為與健康的關係、影響行為的相關因子、行為改變技術策略、發展與成效評估等健康生活應用科學。健康行為改變主要在學習健康行為的定義與範疇、行為改變的關鍵要素、社會認知理論與健康行為應用、行為改變跨領域模式等。很多人常認為在生活中做一些正向的改變。當談到健康行為的建議時，我們大都知道經常運動、攝取多種類的食物和營養飲食、保持身體質量指數在 18.5 到 24.9 之間、保持充足的睡眠、健康檢查、測量血壓、膽固醇和血糖、乳房 X 光檢查、子宮頸抹片檢查、不要吸煙、限制飲酒量、減少壓力、改善人際關係、發展新的興趣等。有關健康行為改變的一個問題，可能是因為感到內疚、恐懼或懊悔，而太經常鼓舞自己改變行為。研究行為變化的專家同意自我激勵和植根於正向思考，最有可能養成行為長期持久的改變。相關研究也建立行為改變評估模式，以說明行為改變者的成功和失敗，並解釋為什麼產生健康行為改變可以花這麼長時間。最後，研究行為改變的專家，做出重要的結論，只要在正確的方向作出任何努力都是值得，即使遇到挫折或發現自己不時出現倒退的狀態（圖 1-5）。

圖1-5　健康行為

　　體能評估主要內容為體能的定義與分類、健康體適能的定義、健康體適能的檢測方式、銀髮族功能性體適能檢測、體能評估的好處等。體能評估的重要性不只是作為開立適當的個人化運動鍛鍊處方，也包括篩查心臟疾病和其他慢性疾病的風險。體能評估的好處很多，最重要的是建立出被評估者各項體能的優點和弱點。初始測試可以讓受測者瞭解體能水準在哪裡，做為運動處方設計的運動強度依據，並可透過未來測試和初始測試的結果作比較，以調整運動處方訓練內容，也可以由某些測驗分數的「目標」提供改善體能水準的動機。受測者在再測試時，通過瞭解他們的體能訓練成果，受測者可以針對待加強的體能要項進行改善。體能評估主要應用在設計最適當的運動訓練計畫。一般體能測試方法，可以提供一個個人體能或運動技術基本的長處和短處，並從這些測驗結果，可能會發現自己的體能和技術更適合於另一項運動（圖 1-6）。

圖1-6　體能評估

　　本書把肌力與體能的學習範圍聚焦在肌力與各項體能的關聯性、肌力與健康的關係、肌肉構造與其功能性、肌肉如何產生機械能、肌力提升對生理各系統的影響等。肌力（Muscular Strength）是指肌肉或肌肉群單次收縮所能負荷的最大阻力。肌耐力（Muscular Endurance）則是指肌肉或肌肉群在非最大負荷阻力下可以持續的次數或時間。肌力和肌耐力可以透過漸進的抗阻力活動來獲得增強。體能（Physical Fitness），指身體具備某種程度的能力，足以安全而有效地應付日常生活中身體所承受的衝擊和負荷，免於過度疲勞，並有體力享受休閒及娛樂活動的能力。體能依性質和需要的不同，可分為健康體能和運動競技體能，健康體能（Health-related Physical Fitness）是指與健康有密切關係的心肺血管及肌肉組織的功能，促進健康體能可提供保護身體，避免因坐式生活型態所引起的慢性疾病。其中健康體能要件包括身體組成（Body Composition）、肌力肌耐力（Muscular Strength/Endurance）、柔軟度（Flexibility）、心肺功能（Cardiorespiratory Endurance）等。運動競技體能（Skill-related Physical Fitness）是指身體從事和運動有關的體能。其中運動競技體能要件包括敏捷性（Agility）、協調性（Coordination）、速度（Speed）、爆發力（Power）、反應時間（Reaction Time）、平衡等（Balance）（圖 1-7）。

圖1-7　肌力與體能

　　課程是學生經過教育歷程所得到的經驗。進一步而言，狹義的課程定義：指有關學生學習的科目及有關的設計，或者是一系列可預期的學習目標，或者是學習的一切計畫。廣義的課程定義：指課程是教師為達到教育目的，所計畫並指導學生的所有學習經驗。所謂設計，即「設想和計劃，設想是目的，計劃是過程安排」，通常指有目標和計劃的創作行為、活動。國家教育研究院教育大辭書對課程設計的定義，認為課程設計係指課程的組織型式或結構，亦即指課程的選擇、安排與組織。就課程設計的性質而言，課程設計是撰寫教學目標、學生的學習具體目標、選擇組織安排教學活動、執行評鑑工作的科學技術，課程設計比較重視具體而實用的課程製成品，是課程決定過程的最後產物。本書所指的運動課程聚焦在 Exercise（運動鍛練）的課程設計的內容。現今社會倡導終身學習，個人離開學校，投入工作、甚至退休之後，仍有許多機會加入各種團體或機構，繼續從事在學校裡習得的運動技術，或是學習新的運動概念與技術。時下各個運動中心（台北市）、國民運動中心（新北市）、私人運動俱樂部、機構等，提供琳瑯滿目的運動課程，諸如：潛水課程、常態性舞蹈課程、水中有氧、游泳個別班、游泳課程、飛輪課程、有氧拳擊、體適能私人課程、TRX 懸掛式訓練課程等（圖 1-8）。

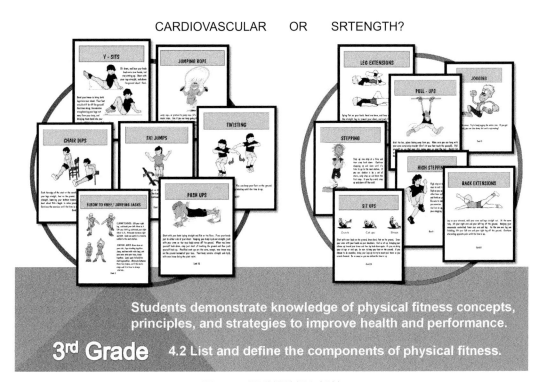

圖1-8　　運動鍛練課程設計

早期學者將職涯定義為個人在組織內部的連續發展流程，需依靠在職訓練進行。由於全球化改變了競爭環境及頻繁的人才流動，讓學者開始關注不同國家間的社會、文化、經濟對職涯產生的影響，並認為在工作環境的改變與價值觀、興趣、能力間的交互影響下，個人追求自我實現的的就業經歷即是職涯，不受限於

圖1-9　全人健康職涯

個人經歷與組織結構。時下健康與健身公共意識的增長與相關企業參與崛起，健康和健身行業仍然是世界上增長最快的產業之一。容易追求且提供大量的機會以適合不同的個性類型、技能、熱情和夢想，可為職業生涯路徑更好的定義。現在也有很多認證資格的健康與鍛練專業人力（圖1-9），諸如：團體健身教練、體能教練、專業運動訓練教練、健康生活指導師、運動營養師、體重管理師、瑜伽教練、皮拉提斯教練、青年健身教練、銀髮族健身教練等。

科技與運動健康主要探討全人健康（全適能）對健康的正面效果及基本原理。如何提升全適能以預防心血管疾病、成年型糖尿病、肥胖與下背痛等文明病之罹病率與致死率，進而減低國民醫療負擔與相關社會成本的支出。針對全適能與智慧生活科技整合部分，主要在探討介紹人本智慧生活科技之整合研究之現況，做為創新發想之基礎。人的日常活動大多與行動相關聯，舉凡食、衣、住、行、育、樂分別發生在不同的地方與時間，人在不同的生活場域中穿梭，行動生活風格已經成為現代生活的寫照。在生活照護相關的穿戴式裝置，也有多款產品發表或上市，這些產品的種類包羅萬象，應用領域也有所不同。健身風潮再起，搭配高科技裝置，更可以有效的運動，並且借由智慧穿戴，現代人還能夠將運動健康融入於生活中（圖1-10）。

　　預防勝於治療，是眾所周知的事，在面對運動安全的同時，如何具備正確適當的方法及態度，在本書中提供論述及解釋，使讀者明確了解問題及正確的模式。主觀式的傷害預防、客觀式的傷害預防及防護室功能及防護人員的工作，為主要討論內容。適度適量又規

圖1-10　科技與運動健康

律的運動是人人所必需，但是不論參加哪一種運動，安全必須列為第一要務。近年來，群眾的運動意識提高，舉凡健身性、休閒性或競爭性的運動人口都逐漸增加，運動傷害的比率也逐漸提高，運動對人體的健康是有正面效益，在從事運動過程中必須瞭解運動的方式，以降低其對身體健康帶來的傷害。身體檢查、體能訓練、正確技術的培養、熱身運動、伸展運動、緩和運動、正確的運動傷害預防知識、營養與疲勞、場地器材及裝備、溫度的變化、注意力過度集中或注意力不集中、惡意傷害、心理建設、過度訓練、貼紮與護具的使用、傷害急救、傷害評估、傷害處理、急救原則、受傷者的搬運、運動治療、運動處方、體能重建、運動傷害防護室的選擇、運動傷害防護室的主要分區、運動傷害防護室的其他分區等都是運動安全學習的重要內容（圖 1-11）。

　　運動健康是包括多重領域的主題，同時也是 e 世代人類生活相關的主題。由於主題、內容的廣泛及參與對

圖1-11　運動安全

象背景與興趣的不同，在傳輸運動健康相關的完整訊息成為相當棘手的課題。本書在編纂之初，廣泛收集中外相關領域書籍及內部多次開會討論，把運動健康知識概分為十大單元予以介紹。希望能透過共同作者群，對所屬領域知識的了解，以深入淺出的筆調，表達多種領域的內涵，以滿足讀者的需求，引發對運動健康，自我責任的認知與實踐。

第 2 章
解剖生理學在運動與
健康體能之應用

　　人體猶如一具奇妙完美的機器，吾人若欲使這具機器良好運作，發揮最大功效且避免故障，甚至在發生故障後能迅速維護再度安全運作，則必須先認識其各個部位零件的詳細構造、零件之間的相關位置，進而理解各構造之運作原理、功能，以及不同構造之間的調節機制與相互影響。如果讀者設定自己的職業生涯是成為一位體育教師、運動指導員或教練、職業運動員、物理治療師，或是各種醫療專業人士，那麼，學會並學好人體解剖學與生理學便是讀者準備個人生涯的重要起步。由於本書所關注的主體是人體的運動與健康體適能，故下文所提及的解剖生理學專指人體解剖生理學（圖 2-1）。

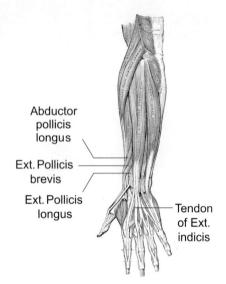

圖2-1　前臂肌肉解剖Lewis（1918）Gray's Anatomy 20th ed（in public domain at Yahoo or BartleBy）

2-1　解剖生理學的定義與範疇

一、　解剖學的定義

　　解剖學（anatomy）是從觀察及描述人體的外在型態入手，進一步細究其構造，並將相關知識系統化的學問，簡言之，就是研究人體構造和型態的科學（游祥明、宋晏仁、古宏海、傅毓秀、林光華，民 105）。解剖學是一門古老的學問，歷經長遠的人類知識累積，構成龐大精深的知識體系與內容。根據周佩琪和林昭庚（民 101）的文獻探討，遠在商周或較之更早的時代，中醫學已經累積了人體解剖的知識，而現存最古老的中醫理論《靈樞經》便已使用「解剖」一詞。在西洋知識體系方面，相關知識紀錄則可上溯至希臘羅馬時期的哲人，現代解剖學則始於歐洲文藝復興時代，當時一位比利時的醫生 Andreas Vesalius（1514-1564）首先運用科學的方式研究人體結構（賴昆城，民 99）。

傳統上，研究解剖學的方法，不分中外，皆以「解」、「剖」兩動作入手。「取人之屍體，分解而剖析之」（中國醫學大辭典，民 98）；而英文 anatomy 源自於希臘文 *anatomé*，意思是剖開（dissection）（The Encyclopedia Americana, 1984a）。透過分解、觀察、記錄，甚至將不同觀察對象之間的異同予以比較分析，乃逐漸對人的身體內部構造產生具體而系統性的知識。

二、解剖學的範疇

人體是一具龐大的有機體，其物質的組成階層由低至高（或由小至大）是原子（atom）、分子（molecule）、大分子（macromolecule）、胞器（cellular organelle）、細胞（cell），再上是組織（tissue）、器官（organ）、系統（system），最終組成個體（individual）。細胞及其下的構造是肉眼無法辨識的，需運用各種光學顯微鏡、電子顯微鏡等工具，以及組織固定與切片、細胞染色等技術，方能一窺生命的奧祕。

是故，根據欲觀察的標的與觀察時所使用的工具，解剖學可分為大體解剖學（gross anatomy）、顯微解剖學（microanatomy），以及分子解剖學（molecular anatomy）。大體解剖學就是單純以刀、剪等一般手術器具，透過研究者的肉眼觀察人體構造，所得的相關知識。許多經典解剖圖譜，例如 *Netter's* Atlas of human anatomy（蔡怡汝，民 100）和 Sobotta: Atlas of Human Anatomy（Putz & Pabst, 2006）就是學習大體解剖學的重要工具書。

相對於運用特殊技術與工具的顯微解剖學與分子解剖學，大體解剖學是憑藉研究者的肉眼觀察人體各部位的構造，其觀察結果必定較為一般性且概念性，而不是非常精細。所以解剖學者以「gross」這個英文字來呈現大體解剖學的知識特徵，即明顯的、總體的。有些人不明其義，常以「大體老師」或「大體」稱呼遺體（cadaver），實為誤解「大體」乃形容「明顯」之意，而非指實質的軀體。

此外，為了特別的研究目的，解剖學還包括專門研究從受精卵發育至成熟個體之過程的發育解剖學（developmental anatomy）、研究神經系統與感覺器官的神經解剖學（neuroanatomy）。從觀察工具的角度，則還有利用 X- 射線、電腦斷層掃描、超音波、磁振儀與各種成像技術（imaging technology）呈現人體內部構造的影像解剖學（photographic anatomy）等。

三、生理學的定義

　　英文 Physiology 源自於希臘文 physis，意思是自然（nature）或起源（origin），而 ology 則是指對某方面的研究（study of），據知亞里斯多得（Aristotle, 384-322 B.C.）即以 physiology 表示所有生命體的功能（Silverthron, 2016）。故此，傳統的生理學主要探討生物如何維持生命並繁衍其後代，而且為了探討活體的各種構造之運作與功能，相關研究必須在控制良好的操作環境下，利用特殊的儀器設備才能進行（The Encyclopedia Americana, 1984b）。

　　人體有各種令人好奇的生命現象，例如氧氣如何從空氣進入人體，而二氧化碳如何從體內逸入空氣？血液在血管中流動的推力從何而來（圖 2-2）？神經如何將大腦的指令傳達到肌肉？為何人可以不經思考自動呼吸，也可以故意改變呼吸的節律與深淺？人體生理學便是透過物理、化學與數學的語彙，說明人體從分子到個體的各個層級構造之運作機轉（mechanisms）與功能，甚至各構造之間的交互影響，以及各種生命現象如何維持其恆定（homeostasis），以維持一種動態的正常生命狀態。

　　傳統中醫也有生理學的相關學說與應用法則，但是與西方之人體生理學在思考邏輯、觀察對象、觀察工具、現象與機轉闡釋等方面完全不同。中醫生理學以「氣」、「血」為人體的基本元素，將人體結構和功能區分為三類，即

1. 五臟（心、肝、脾、肺、腎），主理生化和貯藏精、氣、血、津液、神；
2. 六腑（膽、胃、大腸、小腸、膀胱、三焦），負責受納和消化飲食，泌別清濁，排泄廢物；
3. 奇恆之腑（腦、髓、骨、脈、膽、女子胞）。

　　臟腑之間，還有臟腑與皮膚、肉、筋、骨、脈、眼、耳、口、鼻、舌、前後陰等構造之間，可互相聯繫以平衡協調，最終維持人體正常生命狀態。

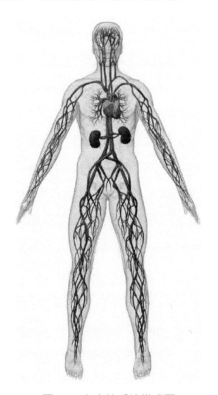

圖2-2　心血管系統模式圖

　　而傳統中醫對於闡釋人體生理狀態的思想植基於陰平陽秘（對立統一觀）、五行生剋乘侮（聯繫整體觀）、天人相應（機體與環境的統一觀）、司外揣內（宏觀生理學的方法論）（季鍾樸，民 96，第一章）。

四、生理學的範疇

　　由於生命現象的複雜與多變，分子生物學（molecular biology）、細胞生物學（cell biology）、細胞膜生理學（membrane physiology）、生物物理學（biophysics）、生物化學（biochemistry）等早已紛紛自傳統生理學獨立為專業學門。而人體生理學也因為知識累積的數量與內容愈來愈龐大，遂衍生出神經生理學（neurophysiology）、循環生理學（circulatory physiology）、呼吸生理學（respiratory physiology）、腎臟生理學（renal physiology）、內分泌學（endocrinology）、生殖生理學（reproductive physiology）等專業領域。雖然自 20 世紀中後期開始，各種單項器官生理學（如心臟生理學）、系統生理學（如消化生理學），甚至分子生理學蓬勃發展，但人體終究必須以一個整體的模式生存著，所以整合性的（integrative）概念與思考邏輯是學習人體生理學應持的基本信念。

　　由於近代歐美之學術界在研究工具如各式顯微鏡、X 射線、超音波顯像技術（圖 2-3），以及生物訊號偵測與記錄設備方面的快速發展，以及將數學、化學、物理等基礎科學理論導入生命科學領域，再進而發展出運動訓練、物理復健、人因工程等眾多應用領域，致目前一般以西方的解剖生理學知識為學習人體之結構與功能的必備知能，輔以東方傳統中醫的理念，以達微觀－系統觀－全人觀－宇宙觀的整體境界。

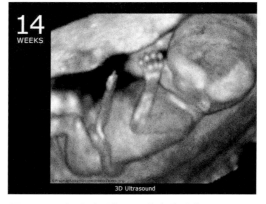

圖2-3　3D超音波影像，子宮中的胎兒

2-2　運動與健康體能專業的必要解剖學知能及其應用

　　當個人從事各種身體活動時，不論其目的是執行日常生活如刷牙、穿衣，或是為促進健康體適能如健走、跳繩，甚至與他人一較高下如參加跳高、柔道比賽，所運用的主體便是自己的身體。不論是哪一種形式的身體活動，安全、有效率，一向是運用人體的最高原則。工欲善其事，必先利其器，而瞭解人體的結構即是安全、有效率地善用身體的第一步。

一、解剖學必要知能

　　傳統的基礎人體解剖學的內容包括解剖學專門術語、四大組織（上皮組織、結締組織、肌肉組織（圖 2-4）、神經組織）、十一大系統（體被系統、骨骼系統、肌肉系統、神經系統、心血管系統、淋巴系統、呼吸系統、內分泌系統、消化系統、泌尿系統、生殖系統），經由相關學習即可具備對人體構造與各部位名稱的基本認識。然而，即使是為初學者編製的解剖學教科書，其中的文字說明加上幫助學習的插圖，使得每一本都是皇皇巨著，常造成學習者惴惴不安的學習壓力。

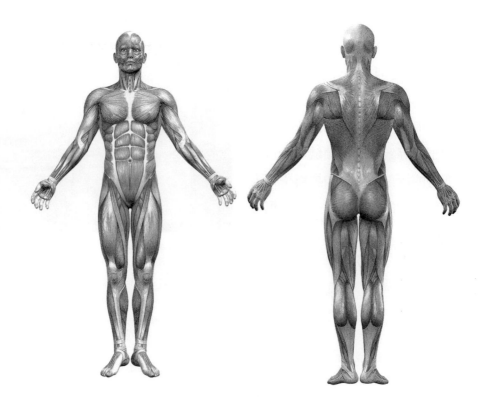

圖2-4　肌肉解剖圖

於是，身體活動領域的學者為了引導在健身、體育教學、競技運動訓練、生物力學等領域的入門者能快速聚焦學習，遂編著所謂運動解剖學（kinetic anatomy）專書。其內容除了解剖學專門術語，乃將內容集中於和軀幹及四肢活動相關的骨骼、骨骼肌、關節，以及各種關節運動的對應肌群，但對於和骨骼肌運動密切相關的神經、血管著墨甚少。

二、解剖學之應用

對於有心從事運動與健康體能專業的人士而言，運動解剖學只是個敲門磚、墊腳石，無法全面說明人類的身體結構（圖 2-5）。所以持續學習整體的解剖學知識並熟稔之，不僅有助於學生本人對自己身體結構的瞭解，能夠運用精確定義的名詞與專業人士溝通，更是順利進階於學習有關健身指導、體育課程設計、肌力與體能訓練、運動傷害防

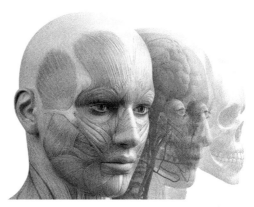

圖2-5　頭臉肌肉與骨骼解剖關係模式圖

護、肌動學（kinesiology）、生物力學（biophysics）、運動生理學（exercise and sport physiology）等應用領域的必要條件。

2-3　從事運動與健康體能專業的必要生理學知能及其應用

前一節已述及，瞭解人體的結構即是安全、有效率地善用身體的第一步（圖 2-6）。的確，解剖學的知識讓我們明白自己的身體有哪些構造，以及構造之間如何組合成人體。可是這些構造是如何運作而產生並維繫種種生命現象？其答案通常是藉助於生理學者的研究成果。

圖2-6　人體伸展

　　骨骼肌是如何收縮的？運動神經元是如何造成肌肉收縮的？運動神經元本身的訊息是如何傳導的？大腦運動皮質區如何控制全身各部位的骨骼肌？現代的生理學已經累積了相當的知識來回答這些問題中的「如何（how）」。

一、生理學必要知能

　　生理學的初學者又該如何掌握這無窮盡的「如何（how）」呢？曾獲美國生理學會頒發年度生理學教學獎的 Dee Silverthron 博士在其大著 "Human physiology: an integrated approach" 一書中強調生理學的七大主題：恆定（homeostasis）、系統間的統合（integration of body systems）、細胞間的溝通與協調（cell-to-cell communication and coordination）、物質的移動與穿越細胞膜的訊息（movement of substances and information across cell membranes）、身體與細胞間的區隔（compartmentation of the body and cell）、能量的流動（energy flow），以及物質平衡原則與物質的流動（the principles of mass balance and mass flow）（Silverthron, 2016, chap.1）。此七大主題即是學生學習生理學需時時謹記掌握的學習要義。

(一) 恆定

　　是指動態平衡。以體溫恆定為例，當皮膚的感溫器官（圖 2-7）偵測到外在環境變冷了，此訊息經感覺神經傳到大腦的體溫調節中樞，進而引起一連串減少散熱與增加產熱的反應。這些反應包括皮下血管收縮（皮膚顏色變蒼白。由於身體核心溫度高於體表，故減少體表，即皮下血流量可避免熱能從血液中逸散到大氣環境

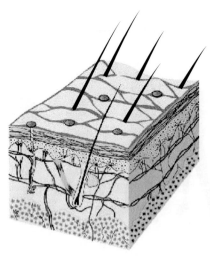
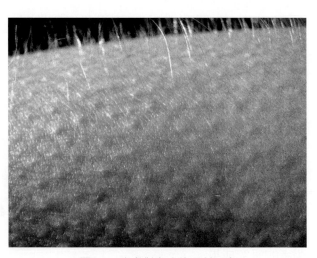

圖2-7　皮膚結構　　　　　　　　　　圖2-8　皮膚對寒冷的反射反應

中）、豎毛肌收縮（起雞皮疙瘩。但因人類毛髮數量已退化，無保溫作用）、發抖（骨骼肌收縮產熱）、彎腰蜷曲身體（縮小體表面積以減少散熱），最後達到維持體溫的目標。除了體溫，血壓、血糖、電解質濃度、體液酸鹼值、體液含量，在在都是透過複雜的機制維繫其恆定（圖 2-8）。

（二）系統間的統合

人體有 11 個系統，分別負責獨特的功能，而這些系統需時時彼此協調，共同工作才能達到恆定與維生的總目標。如同一個企業包含各種部門，專責處理不同業務，但彼此間必須緊密協調才能使企業維持良好營運狀態（圖 2-9）。

（三）細胞間的溝通與協調

各種感覺器官偵測身體外在（光線、溫度、壓力等）與內在（血壓、血糖、荷爾蒙等）因素的變化，將訊息傳遞至腦與脊髓進行訊息統整，腦與脊髓再將最後決策傳遞至執行反應的器官或組織。這種訊息傳遞的過程，即細胞與細胞之間的溝通，必須是快速而有效地。通常細胞之間以化學物質互相溝通，但是神經細胞本身還有電訊號傳導。

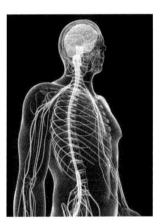

圖2-9　人體神經系統模式圖

（四）物質的移動與穿越細胞膜的訊息

為了達成細胞間的溝通與協調，細胞間必須傳遞訊息，而訊息傳遞的方式就是物質從細胞內移動到細胞外的細胞外液中，或由細胞外液移入細胞內，這兩種方向相反的活動都必須穿越細胞膜，而各種物質有其獨特的移動管道與機轉（圖 2-10）。

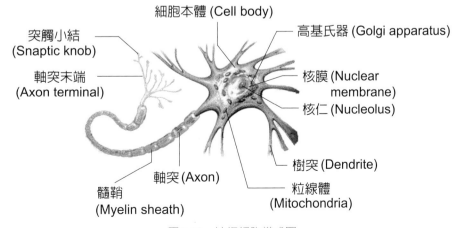

細胞本體 (Cell body)
突觸小結 (Snaptic knob)
軸突末端 (Axon terminal)
高基氏器 (Golgi apparatus)
核膜 (Nuclear membrane)
核仁 (Nucleolus)
樹突 (Dendrite)
髓鞘 (Myelin sheath)
軸突 (Axon)
粒線體 (Mitochondria)

圖2-10　神經細胞模式圖

（五）身體與細胞間的區隔

　　細胞之間以細胞膜區分彼此，細胞內還有各種獨立的細胞器官（organelles）。同理，組織、器官之間也都有所區隔，以此進行各自不同的功能。

（六）能量的流動

　　維持生命必須一直獲取能量，方得使分子的合成與分解、物質在細胞膜兩邊的運送，以及身體的活動等消耗能量的機轉得以運行不輟。有關能量的部分還應知曉其來源、運用方式與儲存模式。

（七）物質平衡原則與物質的流動

　　基本上，人體內各種成分的量（mass）被侷限在某個可變動的範圍內。換句話說，人體中的物質，例如水，必須維持在一定的總量，但能容許小幅度的增減。當攝取過多水分時，人體就會以多排尿或多流汗的方式排出過多的水分；反之，若因大量流汗、多尿，甚至腹瀉，使得身體失去過多水分，則必須增加水分攝取量以補充之。至於物質的流動則指單位時間內物質在體內的流動量。例如呼氣中的二氧化碳濃度（g/L）與每分鐘呼氣量（L/min）的乘積即為每分鐘呼出二氧化碳的總量（g/min）。

二、生理學之應用

　　從事運動與健康體能專業乃是透過協助或指導他人從事適當的身體活動或運動訓練來增進身體健康、提升運動表現，以及產生愉悅情緒與良好人際關係之總體健康福祉。而所謂身體健康狀態往往以身體組成（body composustion）、血壓、心律、血糖、肌力、肌耐力、關節活動範圍、肺功能等生理狀態來作為評估指標，所以學生不僅應確實明瞭這些重要的生理現象的基本調控機轉，也應更深入理解各種身體活動對這些生理狀態的影響（圖 2-11）。

圖2-11　身體活動

　　不同於運動解剖學是將其內容從整體解剖學中分割出骨骼與骨骼肌的部分，運動生理學則是以人體安靜（resting）狀態下的生理現象與機轉為基礎，將不同型態、不同負荷量的運動作為刺激因素，探討為因應骨骼肌不斷收縮所需要的更多營

養素、更多氧氣、更多合成與分解
作用、更大量的廢物清除作用等更
為龐雜的生理反應（圖 2-12）。所
以運動生理學乃立基於一般生理學
之上的高階應用科學。

圖2-12　運動伸展

　　除了運動生理學，其他衍生於
生理學而與運動相關的應用領域還
有 運 動 營 養 學（exercise and sport
nutrition）、恢復訓練學（recovery training）、疾病與運動介入（diseases and exercise
intervention）等。

2-4　解剖生理學相關知識的終身學習

　　人體解剖學教科書與圖譜往往印製精美但書體沉重且價格昂貴，生理學教科書
則因內容不斷新增與變動，經常每隔三年即需修訂版本。這種不便的情況隨著電腦
科技的日新月異，有了很大的突破。讀者可透過網際網路，以 anatomy, physiology
或人體解剖、生理學做為關鍵詞進行搜尋，會得到各式各樣的學習工具。有的是圖
書公司發行的電子書或影像資料庫，有的是個人製作分享的教學短片，甚至有模擬
的三維動畫，許多都可以下載到個人的行動載具如智慧電話或平板電腦中。如此一
來，隨時隨地皆可開卷學習、複習，真是文明發展的一大美事。

第 3 章

運動生理學在運動與
健康體能之應用

3-1　運動生理的定義與範疇

　　運動生理學是以正常人體為研究對象，研究人體在從事短期或長期身體活動與健身運動時，身體內各種不同系統如何個別地與共同地產生適應現象的科學。如何透過整合的系統方法，瞭解身體活動與健身運動在改善健康及降低疾病風險中所扮演的角色。

　　運動生理學使用各種方法來改善身體系統對訓練和比賽的反應，也常被用來加強體力和運動競賽的表現。運動員教練和其他運動科學家應用基本和先進的運動生理學訓練原則，以增強身體各個系統的功能。因此，辨識哪些因素會影響到訓練的反應及後續改善，是應用運動生理學增進運動表現的特點。

　　運動生理學持續地擴展成為一門學科，同時也形成一門專業，可促使我們對健康、身體活動、健身運動、競技運動與運動表現的方面有更全面的認識與了解，以便在執行工作時可能達到最好的水準。主修運動生理學課程的大學生，可以進入專門職業擔任合格的個人教練、健康體適能指導員、運動專家及肌力體能教練等。由於這些職業必須面對健康與生病的人，所以也清楚地顯示了運動生理學的實用性。

3-2　運動生理學與健康體適能的關係

　　運動生理學是屬於體育科學中之自然科學，是人體生理學的一個分支。而健康體適能又是運動生理學的一個小分支。最早提出健康體適能概念的是 1879 年當時任教於哈佛大學的薩爾金特 (Dudley Sargent) 博士，他為了使人類能夠達到最完美的身體狀態，特別針對人類的身體架構與功能，設計出一套屬於個人適用的運動處方身體訓練課程。當時，他對體適能 (fitness) 所下的定義是身體適應於工作、遊戲，以及任何人類可能做的到的事（林正常，2011）。

　　隨著許多研究不斷發現體力活動和運動諸多對健康的益處，與健康有關的體適能組成與良好的健康狀態存在密切關係。所有健康相關和生理適能的測量指標已和疾病預防和健康促進相結合，並透過規律的身體活動來從事健康生活型態的一部分，是促進健康最重要的要素之一。

　　近年來，隨著投入體適能與體重控制計畫者大幅增加，坊間健身美容資訊隨處可見，維持身體健康意識引起全民關注。健康體適能的風行、普遍，與投入者與日俱增，雖然每個人從事運動訓練的目的不盡相同，但不管是哪一種目的，其中必定牽涉到一個重要而關鍵的問題，那就是究竟要多少的運動量才能獲得健康或體適能益處呢？又應該以什麼樣的型式或強度來從事運動才能提升運動介入的成效呢？

　　最好的運動訓練計畫是為能達成個人健康和體適能目標而製訂。本章所闡述的身體活動指導方針主要根據美國運動醫學會 (American College of Sports Medicine, ACSM) 運動測試與運動處方指引（林嘉志譯，2013），經過綜合整理冀望能幫助運動和健康 / 體適能專業人員在設計個人訂做運動處方時能有所依據。

3-3　健康促進之身體活動指導方針

　　隨著社會變遷、交通便利、飲食西化，原本許多需要依靠身體從事的工作和活動，逐漸被機械化產物所取代，由動態化的生活習慣走向靜態化的坐式生活與工作型態，嚴重影響身體應有的活動量。在缺乏運動與飲食失調之下，坐式生活人口大幅增加，肥胖的人口有逐漸增加的趨勢。從健康的觀點來看，肥胖是威脅生命的高危險因子，實證研究指出肥胖不僅造成體能衰退，還會增加腹部脂肪、腰圍變粗、血壓上升、血糖偏高、血脂異常等症狀，更是許多慢性疾病的危險因子。以身體活動量分析的研究顯示，久坐的生活方式除了會導致代謝症候群的發展 (Aoi, Naito, & Yoshikawa, 2011)，久坐不動的時間也是增加致死性和非致死性心血管疾病的風險 (Ford & Caspersen, 2012)。Bankoski 等人分析美國國家健康與營養調查研究 (National Health and Nutrition Examination Survey) 的資料庫，發現靜態生活或不活動與罹患代謝症候群之風險具高度相關性，建議要避免過度的靜態生活，以降低罹患代謝症候群的風險 (Bankoski et al., 2011)。靜態生活嚴重危害身體健康，是導致代謝症候群人口增加的主要原因之一，雖然這是不明顯及非立即致命性的症狀，但現代社會的生活型態，讓大多數人習慣久坐不動，卻是潛伏人們周圍的隱形殺手。因此，只要促進國民的身體活動和運動，就能在很大程度上期待獲得預防生活習慣病的效果。因此，現代的我們為了促進健康，以擁有良好的生活品質，除飲食控制外，多動已成為現代人最重要的課題之一。

對於靜坐與少動的人而言，即使是透過增加體力活動來提高些微能量消耗，仍比完全沒有體力活動好，都可以使其獲得健康／體適能的益處（ACSM, 1998），但對於要獲得健康或體適能益處所需要的最小和最大的運動量仍需要被計算的更精準。在預防及復健的運動處方中，找出能產生有效反應的最適當運動量是一個很重要關鍵，亦即劑量 - 反應 (Dose-Response)。適當的運動劑量必須要能引起效果反應，這和醫師需要瞭解藥物的類型、劑量及時段來治療疾病的道理是一樣的。運動量是由運動的頻率（Frequency of Exercise）、強度（Intensity of Exercise）和持續時間 (Time of Exercise) 來共同決定，而運動量又因其運動型態（Type of Exercise）有所不同，因此在從事運動前應先決定運動型態，再來考慮其運動量，亦即 FITT 原則（The FITT Principle or Frequency, Intensity, Time, and Type of exercise）。

一、運動型態（Type of Exercise）

健康體適能（Health-Related Fitness）包括：心血管（有氧）適能、肌力、肌耐力、柔軟度與身體組成等。運動型態的選擇，就與欲改善體適能的各組成要素相關，而老年人和體適能欠佳者也建議要做提高神經肌肉適能的運動，尤其是提高平衡感和敏捷度的運動。同時在選擇運動型態時也應考慮到參與者的個人目標、體能、健康狀況以及可以使用的運動設備。建議所有成年人採用動員大肌肉群的、至少中等強度的，並且幾乎不需要技巧的、有節律性的有氧（心血管耐力訓練）運動來提高健康／體適能。一些需要技巧性或較高體適能水準的運動建議給那些擁有足夠技巧和體適能者。在心血管適能，與肌力、肌耐力適能方面，一般又可依活動時身體的主要代謝能量來源區分為有氧運動與無氧運動二大類。

有氧運動是指在進行運動時，其能量來源人體採用的是有氧系統的代謝方式，運動過程中，人體處於氧氣充足的環境，消耗糖、脂肪、胺基酸產生能量供給人體活動時所需。此類的活動類型，通常是活動強度較低、但活動時間較長，例如：走路、慢跑、騎腳踏車，或動態形式的休閒活動（各式球類活動）等，在健康體適能的要素中，主要以提升心肺適能為主要目的。

建議：所有成年人採用動員大肌肉群的、至少中等強度的，並且幾乎不需要技巧的、有規律性的運動來提高健康／體適能（林嘉志譯，2013）。

無氧運動，主要利用無氧系統消耗糖類來供能，而非脂肪和蛋白質。此類的活動類型，通常是活動強度較高、但活動時間較短，例如：短距離的跑步，阻力訓練等。阻力訓練應包括多關節或複合式動作 (compound exercise)，例如：臥推 (bench press)、推蹬 (leg press) 和撐體 (dips) 都動員超過一個肌群。這些訓練應該以胸部、肩部、上背部、下背部、腹部、臀部和下肢。多關節運動包括：胸推 (chest press)、肩部推舉 (shoulder press)、下拉 (pull-down)、撐體 (dips)、下背伸展 (lower-back)、仰臥屈體 (abdominal crunch/curl-up) 和推蹬 (leg press) 等。

　　另外也可包括目標爲主要肌群的單關節訓練，例如二頭肌捲曲 (biceps curls)、三頭肌伸展 (triceps extensions)、四頭肌伸展 (quadriceps extension)、腿背捲曲 (leg curls)、提踵 (calf raises) 等。

　　建議：所有成年人進行動員超過一個肌群的多關節阻力訓練，爲了避免肌肉發展不平衡所導致的損傷，應同時訓練相對的肌群即作用肌和拮抗肌（林嘉志譯，2013）。

二、運動強度（Intensity of Exercise）

（一）有氧（心血管適能）運動

　　強度 (Intensity) 在指在從事心肺耐力訓練時，超負荷對於心血管系統的訓練效果。運動強度的增加，運動所獲得的健康 / 體適能益處也增加。可使大多數人獲得健康 / 體適能的益處其最小強度的閾值是存在的，但體適能欠佳者可能例外。亦即最小運動強度是至少中等強度的運動（40% ~ < 60% $\dot{V}O_2 R$，可使心率和呼吸速度明顯加快），但是對於大多數成年人，中等強度和激烈強度（≥ 60% $\dot{V}O_2 R$，心率和血壓增加幅度加大），相結合則是較爲理想的提高健康 / 體適能運動強度（林嘉志譯，2013）。

　　許多不同的方法被採用來計算運動強度，以有氧運動型態（圖 3-1）（心血管適能）爲其運動型態時，在訂定運動強度時通常都是以儲備攝氧量 $\dot{V}O_2$ Reserve, $\dot{V}O_2$）、儲備心跳率 (Heart Rate Reserve, HRR)、年齡推算的最大心跳速率 (Maximal Heart Rate, HR_{max})、努力自覺量表 (Rating of Perceived Exertion, RPE)、談話測試 (Talk Test)、每分鐘消耗的能量 ($Kcal \cdot min^{-1}$)、攝氧量（$\dot{V}O_2$）百分比以及代謝當量 (METs) 爲依據。與其他的估算強度方法相比，HRR 和 $\dot{V}O_2 R$ 能夠更精確的反映出體力活動的能量消耗率。因此，應儘可能使用這二種計算運動強度的方法（林嘉志譯，2013）。上述計算運動強度的方法只要使用得當都可以提高健康／體適能，在制訂運動處方時，採用哪種計算方法取決於制訂者的愛好或環境條件。同時，為了要確定在運動中是否有達到目標心跳率，可以在運動停止後的 15 秒立刻測量 10 秒的撓動脈或頸動脈的脈搏數，若測量頸動脈的脈搏數時，其觸壓力不可過大，避免壓迫到迷走神經會使心跳率變慢。

圖3-1　有氧運動－慢跑

1. 儲備攝氧量（$\dot{V}O_2$ Reserve, $\dot{V}O_2R$）百分比

   目標$\dot{V}O_2R = (\dot{V}O_{2\ max} - \dot{V}O_{2\ rset}) \times$ %預期強度 $+ \dot{V}O_{2\ rset}$

   美國運動醫學會（ACSM）建議 40/50% - 85%的儲備攝氧量

2. 儲備心跳率（Heart Rate Reserve, HRR）百分比

   目標HRR $= (HR_{max} - HR_{rset}) \times$ %預期強度 $+ HR_{rset}$

   　　HR$_{max} =$ 220 - 年齡

   美國運動醫學會（ACSM）建議 40/50% - 85%的儲備心跳率

3. 最大心跳率（Maximal Heart Rate, HR$_{max}$）百分比

   目標HR $= HR_{max} \times$ %預期強度

   　　評估或測量最大心跳率通常使用在決定有氧訓練週期中理想的訓練強度，一般來說最大心跳率以及最大攝氧量之間有良好的一致性。最大心跳率會隨著年齡減少，粗略的測量最大心跳率能藉由220減去年齡（歲數）來獲得。因此20歲的最大心跳率應該大約在每分鐘200次(220-20)，當70歲的人其最大心跳率應該會接近在每分鐘150次。

   　美國運動醫學會（ACSM）建議的強度大約是 55/65% - 90% 的最大心跳率。

4. 努力自覺量表（Rating of Perceived Exertion, RPE）

   RPE等級相當於心跳率從安靜期至最大值（60-200），而10級運動自覺量表則是將RPE原始量表轉換成量尺0-10分（表3-1）。建議運動強度是RPE12-14，即 "有些吃力" ，或10級運動自覺量，其運動強度則大約相當於70%-85%之HR$_{max}$。

建議：大多數成年人進行中等強度（即40% - <60%$\dot{V}O_2R$，心率和呼吸明顯加快）和激烈強度（即≥ 60%$\dot{V}O_2R$，心率和和血壓增加幅度加大）相結合的運動（林嘉志譯，2013）。

表3-1　努力自覺量表

RPE（努力自覺量表）		10級運動自覺量表	
6	沒有感覺	0	沒有感覺
7	非常非常輕鬆	0.5	非常非常弱
8		1	非常弱
9	非常輕鬆	2	弱
10		3	適度
11	輕鬆	4	有些強
12		5	強
13	有些吃力	6	
14		7	非常強
15	吃力	8	
16		9	
17	非常吃力	10	非常非常強
18			
19	非常非常吃力		

（二）無氧（阻力訓練）運動

美國運動醫學會 (ACSM) 建議將阻力訓練納入完整體適能計畫的一部分。阻力訓練的目標是增加或維持肌力、肌耐力、去脂體重及骨質密度。設計阻力訓練計畫時，必須先決定每一項運動的阻力，通常以單次肌力最大反覆 (1-repetition maximum, 1RM) 百分比呈現，亦即僅能舉起 1 次的重量的百分比。通常 1RM 百分比的負荷強度會影響連續操作的反覆次數（圖 3-2）。

圖3-2　阻力訓練

每一個肌群應該總共運動 2-4 組。可以採用統一動作來完成這些組數，也可以由動員同一肌群的不同動作結合完成。例如在運動胸肌時，可以進行 4 組臥推，也可以進行 2 組臥推和 2 組撐體，合理的組間休息時間為 2-3 分鐘。利用不同的動作來運動同一肌群可預防參與者的長期運動產生的精神「厭倦」（ACSM, 2002）。

每一個肌群運動 4 組比 2 組更有效（ACSM, 2002），但是即便只做 1 組訓練也可以提高肌力，尤其是對初學者而言，對同一肌群進行兩種不同的動作，每個動作完成 1 組，相對於這一肌群運動 2 組。例如，臥推和撐體來運動胸肌，每個動作各做 1 組，那麼對胸肌的運動一共是 2 組。

阻力訓練的強度和每組動作的反覆次數之間成反比關係。換言之，強度或阻力越大，需要完成的次數越少。為了提高肌力、質量，及在某種程度上提高肌耐力，阻力訓練中一組的動作重複次數應該為 8-12 次，換算成阻力強度大約為 1RM 的 60% - 80%，或一次能舉起的最大重量的 60% - 80%。如果是做多組訓練，在第一組中完成 12 次或接近 12 次時才感覺到疲勞，但是在最後一組訓練中可能在完成 8 次時就已經疲勞了。由於肌肉疲勞時會增加損傷或肌肉酸痛發生的可能性，因此每組訓練應使肌肉感到疲勞，而不是力竭（ACSM, 2002）。

如果阻力訓練的目的主要是提高肌耐力，而不是增加最大肌力和質量，應採用增加重複次數（即 15-25 次組），強度主要以不超過 1RM 的 50%，縮短組間休息時間和減少組數（即同一肌群進行 1-2 組）的訓練方法（ACSM, 2002）。

建議：成年人進行每一肌群訓練 2-4 組，每組重複 8-12 次，組間休息 2-3 分鐘。老年人和體適能欠佳者進行 1 組或多組，每組重複 10-15 次中等強度（即 60% -70% 1-RM）的阻力訓練。對於容易發生肌腱損傷的年紀較大和體適能較差的人而言，開始實施阻力計畫時，應以多重複次數（即 10-15 次 / 組），中等強度 RPE 強度（10 分量表中達到 5-6 分）為宜（林嘉志譯，2013）。

三、運動時間（Time of Exercise）

指進行體力活動時所測得的時間長短（圖 3-3）（每次、每天或每週的運動時間），體力活動可以是連續進行的，也可以是在一天中以每次 10 分鐘間隔的多次運動進行。通常以運動多少時間 (分)、消耗多少卡路里 (kcal)、每公斤體重消耗多少卡路里 ($Kcal \cdot Kg^{-1}$) 或使用計步器得到的步數來設定。以消耗多少卡路里 (kcal) 來設定時，美國運動醫學會 (ACSM) 和美國心臟病協會（AHA），建議每週透過體力活動累積至少消耗 1,000 Kcal 的熱量，確實可以得到健康 / 體適能的益處。此活動量大約相當於每週運動 150 分鐘或每日 30 分鐘，以步數計算每天 30 分鐘中等強度的步行速度相當於走 3,000-4,000 步。對大多數成年人而言，更大的運動量每週消耗大於 2,000 Kcal 的熱量，可以使其得到更多的健康與體適能益處，同時更大的運動量將有助於促進和達到減重效果。此運動量相當於每週至少 250-300 分鐘或每天至少 50-60 分鐘的體力活動和運動。若是體適能狀況較佳且想要減少體重

圖3-3　持續運動－慢跑

者，若想達成減重目標則建議每天進行 50-60 分鐘，每週總計 300 分鐘的中等強度運動；或是每週 150 分鐘的激烈強度運動。對於一些健康或體適能狀況較差的人而言，每週小於 1,000Kcal 的運動量也能提高其健康 / 體適能水準。因此，在為這些個人制訂運定計畫時應適度調整其運動量（林嘉志譯，2013）。

四、運動頻率（Frequency of Exercise）

運動主要以一週運動的天數來表示。美國運動醫學會 (ACSM)，建議對於以獲得和保持健康 / 體適能益處為的目的的大多數成年人，建議每週進行至少 30 鐘中等強度的運動，每週至少 5 天，總計 150 分鐘；或每天至少 20-25 分鐘的激烈強度運動，每週至少 3 天，總計 75 分鐘；或每天至少 20-30 分鐘中等強度和激烈強度相結合的運動，每週 3-5 天。

除上述心血管與阻力訓練外，伸展運動可以提高關節活動範圍和身體功能，是對抗老化所導致的關節活動範圍減少的重要因素。因此，美國運動醫學會 (ACSM) 也建議所有人都應將伸展運動納入到運動訓練階段之前和之後。針對每一大肌群肌腱（即斜方肌、三角肌、肱三頭肌、胸大肌、背肌、體側肌群、下背肌群、臀大肌、股四頭肌、腿後肌群、小腿後肌群）進行靜態伸展，每個部位持續 15-60

圖3-4　運動方式

秒、重複 4 次、每次至少 10 分鐘，每週至少進行 2-3 天（圖 3-4）(ACSM,1998)。

　　除美國運動醫學會 (ACSM) 強調規律的動態運動外，身體活動金字塔 (The Activity Pyramid) 對於健康及體適能也提供了一個完整的摘要，提供作爲制訂運動處方時的基準方針（圖 3-5）（林正常，2005）。

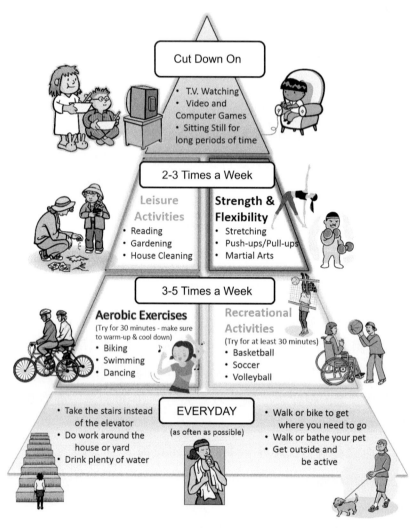

Modified from MU Extension, University of Missouri-Columbia; Barbara Willenberg – Activity Pyramid

圖3-5　身體活動金字塔

3-4　身體活動與能量消耗評估

從事身體活動和健身運動時，精確的熱量消耗評估對促進健康與影響運動員表現因素的了解是很重要的。美國運動醫學會和疾病防治中心，以廣泛有關健康方面的身體活動文獻回顧為基礎，提出針對一般人的運動指導方針。一般建議，每一個成年人應該從事 3-6METs 強度的運動，將每次的身體活動時間增加到 30 分鐘以上。研究人員在研究氧消耗量時，已證明在穩定狀態下，身體活動合理精確的預估能量消耗是可能的，走路、跑步和固定式腳踏車是被研究得相當詳細的活動，並且可以根據以下公式預估走路、跑步或踩踏腳踏車時的能量消耗（林正常，2005）。

在水平的跑步機上走路，速率在 50-100 公尺之間，可利用公式預估水平方向氧的需要量，代換公式如下：

$$\dot{V}O_2 \text{ (ml · kg}^{-1} \text{ · min}^{-1}\text{)} = 0.1 \text{ ml · kg}^{-1} \text{ · min}^{-1} \text{ x 走路速率 (m · min}^{-1}\text{)} + 3.5\text{ml · kg}^{-1} \text{ · min}^{-1}（安靜\dot{V}O_2）$$

不同跑步機斜度垂直方向的耗氧量為：

$$\dot{V}O_2 \text{ (ml · kg}^{-1} \text{ · min}^{-1}\text{)} = 1.8 \text{ x 走路速率 (m · min}^{-1}\text{) x 百分斜度（以分數表示）}$$

在不同斜度的跑步機上走路的總耗氧量，為水平方向的耗氧量加上垂直方向的耗氧量的總和。例如，走路速度為每分鐘 80 公尺的速率、斜度為 5% (= 0.05) 的耗氧量為：

$$\text{水平方向的耗氧量 (ml · kg}^{-1} \text{ · min}^{-1}\text{)} = 0.1 \text{ ml · kg}^{-1} \text{ · min}^{-1} \text{ x 80 (m · min}^{-1}\text{)} + 3.5\text{ml · kg}^{-1} \text{ · min}^{-1}$$
$$= 11.5 \text{ ml · kg}^{-1} \text{ · min}^{-1}$$

$$\text{垂直方向的耗氧量 (ml · kg}^{-1} \text{ · min}^{-1}\text{)} = 1.8 \text{ ml · kg}^{-1} \text{ · min}^{-1} \text{ x 80 (m · min}^{-1}\text{) x 0.05}$$
$$= 7.2 \text{ ml · kg}^{-1} \text{ · min}^{-1}$$

因此，走路的總耗氧量為：

$$11.5 \text{ ml · kg}^{-1} \text{ · min}^{-1} + 7.2 \text{ ml · kg}^{-1} \text{ · min}^{-1} = 18.7 \text{ ml · kg}^{-1} \text{ · min}^{-1}$$

耗氧量可以用 MET 表示，每一 MET 的耗氧量為 $3.5\ ml \cdot kg^{-1} \cdot min^{-1}$

$18.7\ ml \cdot kg^{-1} \cdot min^{-1} \div 3.5\ ml \cdot kg^{-1} \cdot min^{-1} = 5.3\ METs$

當速度大於每分鐘 134 公尺時，可利用公式預估水平方向氧的需要量，代換公式如下：

$$\dot{V}O_2 (ml \cdot kg^{-1} \cdot min^{-1}) = 0.2\ ml \cdot kg^{-1} \cdot min^{-1} \times 跑步速率 (m \cdot min^{-1}) +$$
$$3.5 ml \cdot kg^{-1} \cdot min^{-1}（安靜\dot{V}O_2）$$

不同跑步機斜度垂直方向的耗氧量為

$$\dot{V}O_2 (ml \cdot kg^{-1} \cdot min^{-1}) = 0.9 \times 跑步速率 (m \cdot min^{-1}) \times 百分斜度（以分數表示）$$

因此，如果一位受試者以每分鐘 150 公尺的速率，在斜度 5% 的跑步機跑步，他的耗氧量為：

$$水平方向的耗氧量 (ml \cdot kg^{-1} \cdot min^{-1}) = 0.2\ ml \cdot kg^{-1} \cdot min^{-1} \times 150\ (m \cdot min^{-1}) +$$
$$3.5 ml \cdot kg^{-1} \cdot min^{-1}$$
$$= 33.5\ ml \cdot kg^{-1} \cdot min^{-1}$$

$$垂直方向的耗氧量 (ml \cdot kg^{-1} \cdot min^{-1}) = 0.9\ ml \cdot kg^{-1} \cdot min^{-1} \times 150\ (m \cdot min^{-1}) \times$$
$$0.05 = 6.75\ ml \cdot kg^{-1} \cdot min^{-1}$$

因此，跑步的總耗氧量為：

$$33.5\ ml \cdot kg^{-1} \cdot min^{-1} + 6.75\ ml \cdot kg^{-1} \cdot min^{-1} = 40.25\ ml \cdot kg^{-1} \cdot min^{-1}$$

$$40.25\ ml \cdot kg^{-1} \cdot min^{-1} \div 3.5\ ml \cdot kg^{-1} \cdot min^{-1} = 11.5\ METs$$

預估踩踏腳踏車運動時的能量需要量，功率 = 阻力（設定於飛輪的阻力，Kg）× 速度 $(m \cdot min^{-1})$，若為 Monark™ 腳踏車測功儀其速度為 RPM 數值乘以 6，若為 Tunturi 或 BodyGuard 廠牌則乘以 3 。代換公式如下（本公式適用於功率 300-1,200 $kg \cdot m \cdot min^{-1}$ 或 50-200W 之間）：

耗氧量 $(ml \cdot kg^{-1} \cdot min^{-1})$ = 1.8 x 功率 $(kg \cdot m \cdot min^{-1})$ ÷ 體重 (kg) +

3.5 $ml \cdot kg^{-1} \cdot min^{-1}$（不同負重腳踏車氧氣消耗量）+

3.5 $ml \cdot kg^{-1} \cdot min^{-1}$（安靜 $\dot{V}O_2$）

　例如：一位 55 公斤的女性以 60RPM、阻力 1.5kp 踩踏 Monark^{TM} 原地腳踏車的耗氧量為：

功率 =1.5 阻力（設定於飛輪的阻力，Kg）x (60 x 6) 速度 $(m \cdot min^{-1})$

= 540 $kg \cdot m \cdot min^{-1}$

耗氧量 $(ml \cdot kg^{-1} \cdot min^{-1})$ =1.8 x 功率 $(kg \cdot m \cdot min^{-1})$ ÷ 體重 (kg) +

3.5 $ml \cdot kg^{-1} \cdot min^{-1}$（不同負重腳踏車氧氣消耗量）+

3.5 $ml \cdot kg^{-1} \cdot min^{-1}$（安靜 $\dot{V}O_2$）

耗氧量 $(ml \cdot kg^{-1} \cdot min^{-1})$ =　1.8 x 540（功率）÷ 55（體重）+ 3.5 $ml \cdot kg^{-1} \cdot min^{-1}$（不同負重腳踏車氧氣消耗量）+ 3.5 $ml \cdot kg^{-1} \cdot min^{-1}$（安靜 $\dot{V}O_2$）= 24.67 $ml \cdot kg^{-1} \cdot min^{-1}$

　除了走路、跑步或踩踏腳踏車可利用上述公式預估進行活動時的能量，當人體進行其他類型活動時的能量消耗預估則相當複雜，但還是可以做到的。如各種活動估計能量消耗表（表 3-2）（林正常編譯，2005）。運動能量的消耗需要一種簡單的單位表示方法，導致等代謝當量 (Metabolic Equivalent, MET) 專有名詞的產生。MET 是什麼呢？ MET 是運動能量的消耗需要一個簡單的單位表示方法，是指一個健康成年人安靜坐著時的能量代謝水平（1MET ＝休息時 $\dot{V}O_2$），相當於每分鐘每公斤體重 3.5 毫升 $(3.5ml \cdot kg^{-1} \cdot min^{-1})$ 的攝氧量。因此，在估算運動時能量消耗可以乘上安靜時的消耗量（也就是 MET）來描述。這種方法將運動中能量的需求簡單量化，例如在身體活動當中 10METs 的能量需求（等於 10 倍的安靜代謝率）代表 $3.5ml \cdot kg^{-1} \cdot min^{-1}$ 的氧氣消耗量 (10METs x $3.5ml \cdot kg^{-1} \cdot min^{-1}$ = 35 $ml \cdot kg^{-1} \cdot min^{-1}$)。因此，氧氣需要量對於一個 60Kg 的人，以 10METs 活動的氧消耗量將是：

$$\dot{V}O_2 \ (ml \cdot kg^{-1} \cdot min^{-1}) = 35 \ ml \cdot kg^{-1} \cdot min^{-1} \ x \ 60 \ Kg = 2,100 \ ml \cdot kg^{-1} \cdot min^{-1}$$

運動當中卡路里的推估通常約為每公升氧消耗量5Kcal，亦即1MET等於0.0175 Kcal $\cdot kg^{-1} \cdot min^{-1} \cdot MET^{-1}$，因此計算身體活動時能量消耗之公式為：

能量消耗 $(Kcal \cdot min^{-1}) = 0.0175 \ Kcal \cdot kg^{-1} \cdot min^{-1} \ x \ METs$ 數 x 體重 (Kg)

例如：踩踏腳踏車之能量消耗（休閒，低於10mph）是4METs（見表3-2）一位70公斤之個體在此速度下騎腳踏車，其能量消耗情形計算如下：

能量消耗 $(Kcal \cdot min^{-1}) = 0.0175 \ Kcal \cdot kg^{-1} \cdot min^{-1} \cdot MET^1 \ x \ 4METs \ x \ 70 \ (Kg) = 4.9 \ Kcal \cdot min^{-1}$（林正常，2005）。

結語

在逐漸統合有關健康促進與體適能的研究後證實，規律而適當之身體活動有益於健康促進，也突顯了運動生理學研究在維護個體健康上所扮演的角色，也是運動生理學在健康促進領域所努力的目標。運動處方是為能達成個人健康和體適能目標而制訂的運動訓練計畫，為了提升運動介入對健康體能改善的成效，作為一個健康體適能從業者，更必須具備整合與運動生理學與健康相關之專業知識，才能在從事運動指導時避免學員受傷與達到一定的成效。

表3-2　各種活動估計能量消耗表

METs	活動	運動處方
4.5	工藝活動	木工，做或整修小型櫥櫃或家具
5.0	工藝活動	擦油漆，戶外
7.5	工藝活動	木工，鋸硬木頭
0.9	不活動，安靜的	睡覺
1.0	不活動，安靜的	安靜的坐著
1.0	不活動，安靜的	靠在斜椅上 - 聊天或講電話
1.2	不活動，安靜的	靜靜的站著（站在一條線上）
3.0	水上活動	水中排球
3.0	水上活動	划獨木舟，划，2.0-3.9 mph，稍微努力
3.0	水上活動	航行，帆船

續下頁

METs	活動	運動處方
3.0	水上活動	衝浪遊戲，用身體或用板子
3.5	水上活動	划獨木舟，划，休閒樂趣
4.0	水上活動	划獨木舟，有伙伴的旅行
5.0	水上活動	皮船
5.0	水上活動	乘筏，皮船或獨木舟
5.0	水上活動	航行，比賽
5.0	水上活動	藉兩支管子在水中進行換氣（浮潛）
6.0	水上活動	游泳，休閒，不計圈數
6.0	水上活動	滑水，水上
7.0	水上活動	Skimobling
7.0	水上活動	划獨木舟，划，4.0-5.9 mph，適中努力
8.0	水上活動	游泳，仰泳
8.0	水上活動	游泳數圈，自由式，慢，適中或稍微努力
10.0	水上活動	游泳，蛙泳
10.0	水上活動	游泳數圈，自由式，快，非常努力
11.0	水上活動	游泳，蝶泳
12.0	水上活動	划獨木舟，划，>6.0 mph，非常努力
12.0	水上活動	划獨木舟，划，比賽，划艇隊
5.0	冬季活動	滑雪，下坡，稍微努力
5.5	冬季活動	溜冰，冰上，9 mph 或低於 9 mph
6.0	冬季活動	滑雪，下坡，中度努力
7.0	冬季活動	使用雪橇，平底雪橇，連橇，競賽用小型橇
7.0	冬季活動	滑雪，越野，2.5 mph，慢或稍微努力，走
8.0	冬季活動	雪地行走
8.0	冬季活動	雪地開車努力
8.0	冬季活動	滑雪，下坡，非常努力，競賽
8.0	冬季活動	滑雪，越野，4.0-4.9 mph，適中速度及努力
9.0	冬季活動	溜冰，冰上，超過 9 mph，快速
9.0	冬季活動	滑雪，越野，5.0-7.9 mph，稍快速度，非常努力

續下頁

承上頁

METs	活動	運動處方
10.0	冬季活動	溜冰，競速，比賽
14.0	冬季活動	滑雪，越野，>8.0 mph，競賽
16.5	冬季活動	滑雪，越野，硬雪地，上坡，最大努力
2.0	走路	走，低於 2.0 mph，平地，閒逛，住家附近，非常慢
2.5	走路	走，2.0 mph，平地，慢配速，硬地面
2.5	走路	推或拉嬰兒車（車上有小孩）
3.0	走路	下樓梯
3.0	走路	走，2.5 mph，硬地面
3.0	走路	走，2.5 mph，下坡
3.5	走路	走，3.0 mph，平地，適中速度，硬地面
4.0	走路	用拐杖
4.0	走路	走，3.5 mph，平地，稍快，硬地面
4.0	走路	走，4.0 mph，平地，非常快，硬地面
4.0	走路	走，走去上班或上課
4.5	走路	走，4.5 mph，平地，非常非常快，硬地面
6.0	走路	徒步旅行，越野
6.5	走路	長徒行軍，快，軍隊，越野
6.5	走路	競走
8.0	走路	上樓梯，用或爬梯子
1.5	家事活動	坐，編織，裁縫，包裝（禮物）
2.3	家事活動	洗碗盤，從飯桌上收拾碗盤 - 走
2.5	家事活動	修剪草皮，擦地板
2.5	家事活動	徒手購物（如拎著所購物品，採購時不用購物車推）
2.5	家事活動	煮飯菜或準備料理 - 站或坐或大部分（站 / 走）
3.5	家事活動	清潔工作，家或小屋
4.5	家事活動	清潔工作，重（主要是如：洗車，洗窗戶，拖地，清車庫），非常用力
2.5	釣魚	船上釣魚，坐著釣
8.0	跑步	跑，5 mph（12 分 / 英哩）
9.0	跑步	跑，5.2 mph（11.5 分 / 英哩）

續下頁

承上頁

METs	活動	運動處方
10.0	跑步	跑，6 mph（10 分 / 英哩）
11.0	跑步	跑，6.7 mph（9 分 / 英哩）
11.5	跑步	跑，7 mph（8.5 分 / 英哩）
12.5	跑步	跑，7.5 mph（8 分 / 英哩）
13.5	跑步	跑，8 mph（7.5 分 / 英哩）
14.0	跑步	跑，8.6 mph（7 分 / 英哩）
15.0	跑步	跑，9 mph（6.5 分 / 英哩）
15.0	跑步	跑，樓梯，上樓
16.0	跑步	跑，10 mph（6 分 / 英哩）
18.0	跑步	跑，10.9 mph（5.5 分 / 英哩）
2.5	園藝活動	以割草機割草，開割草機（人坐在車上）
3.0	園藝活動	開剷雪車
4.0	園藝活動	以雪耙耙屋頂上的雪
4.0	園藝活動	耙草皮
4.5	園藝活動	以割草機割草，走，操作割草機
4.5	園藝活動	種樹
4.5	園藝活動	操作剷雪車，走
5.0	園藝活動	青草皮，拖樹枝
5.0	園藝活動	帶，背或堆木頭、木材
6.0	園藝活動	以較重之工具修剪，耕種花園
6.0	園藝活動	割草，走，以手持刀割草
6.0	園藝活動	剷雪，用手
6.0	園藝活動	劈木頭，木材
2.5	運動項目	槌球
2.5	運動項目	撞球
2.5	運動項目	擲箭遊戲，牆或草地
3.0	運動項目	保齡球
3.0	運動項目	飛盤，一般性
3.0	運動項目	高爾夫球，小規模的

續下頁

承上頁

METs	活動	運動處方
3.0	運動項目	排球，非比賽
3.0	運動項目	推圓盤遊戲（在輪船甲上玩的），在草地上滾
3.0	運動項目	擲蹄鐵，擲圓環
3.5	運動項目	飛盤，基本的
3.5	運動項目	射箭（非打獵）
3.5	運動項目	高爾夫球，使用動力車
3.5	運動項目	懸垂滑行
4.0	運動項目	太極拳
4.0	運動項目	冰上擲石遊戲
4.0	運動項目	拖球
4.0	運動項目	桌球，乒乓球
4.0	運動項目	排球，比賽
4.0	運動項目	教練：橄欖球，足球，籃球，棒球，游泳
4.0	運動項目	袋鼠跳
4.0	運動項目	越野賽車
4.0	運動項目	騎馬
4.0	運動項目	體操
4.5	運動項目	羽球，社交性的單打或雙打，一般性的
4.5	運動項目	籃球，投籃
5.0	運動項目	板球（打擊，投球）
5.0	運動項目	孩童比賽（踢石戲，躲避球，遊戲場之器械裝置，繩球，彈子遊戲，投球遊戲，拱廊遊戲）
5.0	運動項目	高爾夫球，擊打
5.0	運動項目	溜冰（冰刀）
5.0	運動項目	壘球或棒球，快或慢速
5.5	運動項目	高爾夫球，揮桿
6.0	運動項目	板球，非正式的
6.0	運動項目	拳擊，打沙包
6.0	運動項目	摔角

續下頁

承上頁

METs	活動	運動處方
6.0	運動項目	網球，雙打
6.0	運動項目	練習劍術
6.0	運動項目	壘球，投
6.0	運動項目	籃球，非比賽性的
6.5	運動項目	籃球，輪椅
7.0	運動項目	羽球，比賽
7.0	運動項目	溜冰（輪子）
7.0	運動項目	踢球
7.0	運動項目	壁球
7.0	運動項目	壁球，非正式的
7.0	運動項目	籃球，正式比賽
8.0	運動項目	手球，團隊
8.0	運動項目	曲棍球，田野
8.0	運動項目	曲棍球，冰上
8.0	運動項目	長曲棍球
8.0	運動項目	馬球
8.0	運動項目	跳繩，慢
8.0	運動項目	網球，單打
8.0	運動項目	橄欖球，觸地得分
8.0	運動項目	攀岩
8.0	運動項目	籃球，比賽
9.0	運動項目	徒步橫渡曠野的競賽
9.0	運動項目	橄欖球，競賽
10.0	運動項目	足球，比賽
10.0	運動項目	板球，比賽
10.0	運動項目	柔道，空手道，可踢拳擊，跆拳道
10.0	運動項目	跳繩，適中
10.0	運動項目	壁球，比賽
10.0	運動項目	橄欖球

續下頁

承上頁

METs	活動	運動處方
11.0	運動項目	攀岩，向上攀
12.0	運動項目	手球
12.0	運動項目	回力球
12.0	運動項目	拳擊，比賽
12.0	運動項目	跳繩，快
3.0	舞蹈	交際舞，慢舞（華爾滋，狐步舞慢舞）
4.5	舞蹈	一般
5.0	舞蹈	有氧，低衝擊
5.5	舞蹈	交際舞，快舞（迪斯可，土風舞，方塊舞）
6.0	舞蹈	有氧，芭蕾或現代，扭扭舞
7.0	舞蹈	有氧，高衝擊
2.0	彈奏樂器	吹喇叭
2.0	彈奏樂器	吹橫笛（坐著）
2.5	彈奏樂器	彈鋼琴或風琴
4.0	彈奏樂器	打鼓
1.5	職業	坐式的工作
2.5	職業	房間的女侍（旅館等）
2.5	職業	站著的：輕度（酒吧領班者侍者，店員，裝配員，填充員，影印員，聖誕樹布置員）
2.5	職業	農夫，開農耕用曳引機
2.5	職業	機械操作員
3.0	職業	站著，適中（以較快速度裝配，舉 50 磅，拉／纏繞繩子）
3.0	職業	站著的：輕／適中（裝配員／維修較重之零件，焊接工，倉庫管理員，自動維修員，書籍打包員等）病人看護員（如護士）
3.5	職業	木工
3.5	職業	電工，水電工
4.0	職業	按摩師，按摩（站著）
4.0	職業	站著的，適中／重（舉超過 50 磅，水泥工，油漆工，掛海報工）
4.0	職業	麵包師，一般

續下頁

承上頁

METs	活動	運動處方
5.5	職業	建築工，戶內
5.5	職業	建築工，戶外
6.0	職業	採礦工
7.0	職業	水泥工
8.0	職業	農夫，乾草捆夫，清潔穀倉，家禽飼養
8.0	職業	需搬運重物者，如磚塊
12.0	職業	消防隊員
4.0	騎腳踏車	騎腳踏車，<10mph，一般的，休閒的，為了樂趣或少班而騎
6.0	騎腳踏車	騎腳踏車，10-11.9 mph，休閒的，慢，稍微努力
8.0	騎腳踏車	騎腳踏車，12-13.9 mph，休閒的，適度用力
10.0	騎腳踏車	騎腳踏車，14-15.9 mph，競賽的，快，非常努力
12.0	騎腳踏車	騎腳踏車，16-19 mph，競賽 / 無牽引或 >19mph 牽引，非常快，競賽
16.0	騎腳踏車	騎腳踏車，>=20 mph，競賽，無牽引
3.0	體能運動	騎腳踏車，固定式，50W，非常輕的負荷
3.5	體能運動	划船，固定式，50W，稍微努力
4.0	體能運動	水中有氧，水中柔軟體操
4.0	體能運動	伸展操，瑜伽
4.5	體能運動	柔軟體操，居家運動，輕至適度努力，一般（如，背部運動），上、下樓梯
5.5	體能運動	騎腳踏車，固定式，100W，稍微努力
6.0	體能運動	Slimnastics
6.0	體能運動	教有氧運動課程
6.0	體能運動	階梯，原地跑步機，原地腳踏車
7.0	體能運動	划船，固定式，100W，過度努力
7.0	體能運動	騎腳踏車，固定式，150W，過度努力
8.0	體能運動	柔軟體操（如，伏地挺身，引體向上，仰臥起坐），吃力，非常吃力
8.0	體能運動	循環訓練
8.5	體能運動	划船，固定式，150W，非常努力
9.5	體能運動	滑雪機

續下頁

承上頁

METs	活動	運動處方
10.5	體能運動	騎腳踏車，固定式，200W，非常努力
12.0	體能運動	划船，固定式，200W，非常非常努力
12.5	體能運動	騎腳踏車，固定式，250W，非常非常努力

第 4 章

運動生物力學在運動與
健康體能之應用

4-1　運動生物力學的定義與範疇

　　運動生物力學（Biomechanics）的定義為應用力學的原理來研究關於生物體運動的一門科學，包含了**力學**（Mechanics）與**生物學**（Biology）兩大領域，即指以力學原理解釋、分析生物體之運動現象，進而改善運動方式，最終目的是提升運動表現（Performance）、預防運動傷害（Injury）。

　　運動生物力學的範疇為包含與運動有關之生物體結構分析、動作技術分析、環境分析和器材設計。生物體結構分析包括骨骼、肌肉、肌腱、韌帶、軟骨、關節、神經等物理性質；動作技術分析包括主觀的質化分析和客觀的量化分析等方法；環境分析包括溫度、濕度、氣流、水流、場地等因素；器材設計包括運動器材、運動用品、防護器具、訓練儀器等產品。以下在此章節所指的生物體，乃是以人體為主。

4-2　骨骼運動生物力學

　　骨骼（Skeleton）系統包括骨（Bones）、軟骨（Cartilage）、韌帶（Ligaments）、關節（Joints），整體約佔人體體重的20%。影響骨骼系統發展的因素包括營養（Nutrition）、活動（Activity）、姿勢習慣（Postural Habits）。

　　骨骼系統的功能包括槓桿作用（Leverage）、支撐作用（Support）、保護作用（Protection）、貯藏作用（Storage），其中槓桿作用和支撐作用對人體運動特別重要。

　　槓桿作用方面，能夠將骨骼系統視為簡單的機械（Machine），依循著力學的槓桿原理來運作，當作用力力臂大於阻力力臂時，較省力；當作用力力臂小於阻力力臂時，較費力。作用力與阻力位置不同排列，構成三種不同的槓桿類型：

1. **第一類型槓桿**，是指作用力與阻力位於支點轉軸相對邊的槓桿（圖4-1），第一類型槓桿依作用力與阻力力臂長度決定省力或費力，人體肢段舉例如（圖4-2）；

2. **第二類型槓桿**，是指阻力位於作用力與支點轉軸之間的槓桿（圖4-3），第二類型槓桿是省力的槓桿類型，人體肢段舉例如（圖4-4）；

3. **第三類型槓桿**，是指作用力位於阻力與支點轉軸之間的槓桿（圖4-5），第三類型槓桿是費力的槓桿類型，人體肢段舉例如（圖4-6），人體肢段大多是屬於第三類型槓桿。

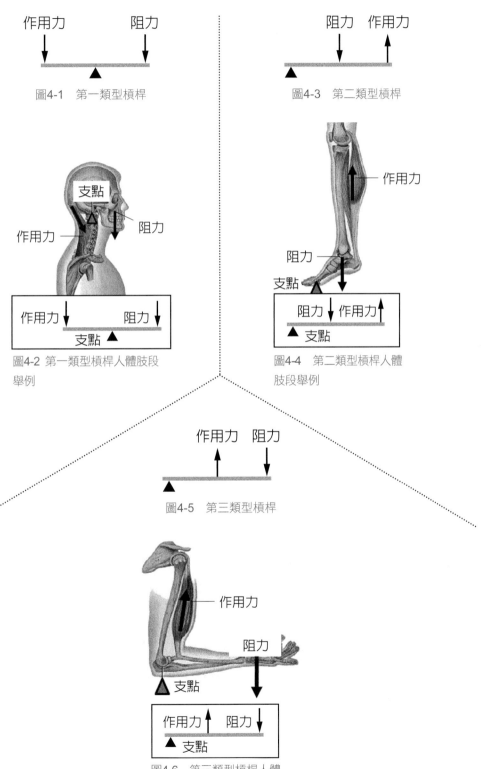

作用力　　　阻力

圖4-1　第一類型槓桿

阻力　作用力

圖4-3　第二類型槓桿

支點

作用力　　阻力

作用力　　　阻力
支點 ▲

圖4-2 第一類型槓桿人體肢段
舉例

作用力

阻力

支點

阻力 ↓ 作用力 ↑
▲ 支點

圖4-4　第二類型槓桿人體
肢段舉例

作用力　阻力

圖4-5　第三類型槓桿

作用力

阻力

△ 支點

作用力 ↑　阻力 ↓
▲ 支點

圖4-6　第三類型槓桿人體
肢段舉例

　　支撐作用方面，骨骼系統時時刻刻都支撐著人體以維持姿勢，無論是在靜止或運動狀態。骨的形狀（Shape）和結構配置（Structure），以及關節（Articulations）的特性，在形態上都是為了支撐作用。

　　保護作用方面，骨能夠保護腦（Brain）和人體內器官（Internal organs）。

　　貯藏作用方面，骨能夠貯藏脂肪（Fat）和礦物質（Minerals）。

　　骨形狀分為長骨，如尺骨、股骨；短骨，如腕骨、指骨；扁平骨，如肋骨、肩胛骨、胸骨；不規則骨，如頭骨、脊椎骨。

　　骨內約包含 25~30% 的水和 60~70% 的礦物質（如鈣 & 磷）與膠質，它兼具黏彈性（Viscoelastic）的性質，骨骼會因為受到負荷而產生形變或者讓骨質產生改變。

　　德國解剖學家 Julius Wolff 於 1892 年提出骨的再塑（Remodeling），他指出骨內有噬骨細胞（Osteoclasts）與成骨細胞（Osteoblasts）。噬骨細胞負責骨質的破壞與再吸收，它在骨固定不用、微重力或者無重力時，會增生；成骨細胞負責骨質的生成，它在骨負重時，會增生。骨需要壓力來長成與強化，因為負重能促進成骨細胞的生成，以增加骨質密度。

　　當噬骨細胞破壞與再吸收的速度超過成骨細胞生成速度時，則會產生骨質疏鬆（Osteoporosis），而增加骨折的危險，其相關因素包括荷爾蒙（如更年期）、營養失衡（如鈣的吸收）、缺乏運動等。

　　骨所承受負荷的類型包括壓縮力（Compression）、張力（Tension）、剪力（Shear）、扭力（Torsional）、彎曲力（Bending）（圖 4-7）。骨承受負荷時會產生形變，當超過能夠承受的域值時，則會發生骨折。

　　骨是非等向性（Anisotropic）的材質，其性質或強度因方向不同而有差異，視負荷受力的方向而定；骨亦兼具黏彈性，其性質或強度視負荷速度和持續時間而定。

　　骨會去適應負荷的改變，但是高速度的負荷會產生較大的傷害風險。此外，因肌肉附著在骨上，肌肉收縮能對骨產生壓縮力和張力等負荷。

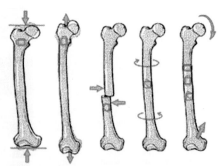

壓縮力　張力　剪力　扭力　彎曲力

圖4-7　骨承受負荷的類型

　　軟骨（Cartilage）是結實的、有彈性的組織，它沒有血液或是神經，主要依賴關節液的滋養。其功能為增加關節穩定度和分散關節的負荷。

　　韌帶（Ligaments）是連接骨骼與骨骼的組織，它含膠質（Collagen）、彈性蛋白（Elastin）、網硬蛋白（Reticulin），兼具黏彈性，其強度和橫截面相關。在運動承受負荷時，其強、韌度會變大；在不使用、攝取類固醇、年齡大時，其強、韌度會變小。

　　關節（Joint）是骨與骨之間相接的地方，關節活動度大，則其穩定度小；活動度小，則其穩定度大，藉由運動訓練能使其活動度提高，穩定度加強。

4-3　肌肉運動生物力學

　　人體中依功能上來分類，有三種肌肉類型包括：

1. **骨骼肌**，屬於隨意肌，可以依照個人的意識加以控制。骨骼肌附著於兩塊不同的骨上，由許多各別的肌纖維所構成。骨骼肌藉由肌腱與骨骼相連，它的收縮帶動骨骼，運動訓練會影響骨骼肌的活動度、強度和代謝能力。

2. **平滑肌**，屬於不隨意肌，難以藉由意識而控制，如胃、小腸等之肌肉。受其自身荷爾蒙和自律神經系統所控制。然而，藉著運動學習，也能夠有限度地操控某些平滑肌，如膀胱之肌肉。

3. **心肌**，屬於不隨意肌，主動收縮，不受神經系統所控制，但其構造上與骨骼肌類似，可藉由運動訓練來維持它的最佳狀態。

表4-1　肌肉分類表

	肌　肉　類　型		
依構造分	橫紋肌		平滑肌
依功能分	骨骼肌	心臟肌	內臟肌
依作用分	隨意肌	不隨意肌	

　　人體運動以骨骼肌類型為主，骨格肌的結構由大到小分別是肌肉、肌纖維束、肌纖維、肌原纖維、肌絲（圖 4-8）。骨骼肌肌肉型態分為紡垂肌型（Fusiform）、羽狀肌型（Penniform）。紡垂肌型呈平行狀（Parallel），如縫匠肌、肱二頭肌。羽狀肌型又分為三種形狀：單羽狀（Unipennate），如半膜肌；雙羽狀（Bipennate），如腓腸肌；多羽狀（Multipennate），如三角肌。

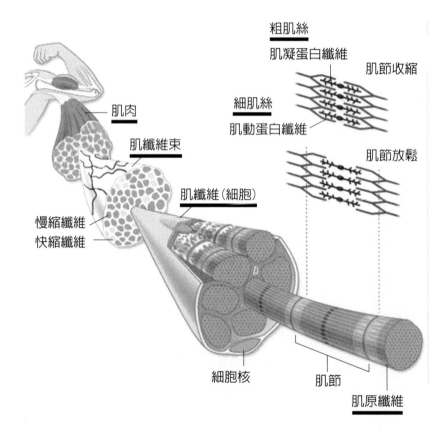

圖4-8　骨格肌的結構

　　骨骼肌在人體動作的功能上分為動作肌（或稱作用肌）、拮抗肌、穩定肌、中和肌。動作肌，是指負責產生動作的肌肉，大部分的人體動作都有數個動作肌，有些比較重要的，稱為主要**動作肌**（主動肌），而有些肌肉協助執行動作，但沒有那麼重要或是只有在某些情況下才收縮，則稱為協助動作肌（協動肌）。**拮抗肌**，是指與動作肌作用相反的肌肉，因為它們位於動作肌的對側，所以也稱為對側肌。在人體用力的動作中，拮抗肌進行兩種功能：

1. 拮抗肌放鬆讓動作不受阻礙；

2. 在將近完成動作時，拮抗肌收縮執行像是剎車的功能，以保護關節。例如：肘關節屈曲時，不僅肱二頭肌要收縮，位於肱二頭肌對側的肱三頭肌也同時必須放鬆，才能完成一手臂彎曲的動作。反之，肱三頭肌收縮時，肱二頭肌同時必須放鬆，手臂才能伸直。肌肉這種成雙成對，在運動時，相互配合的情形，稱為拮抗作用，執行拮抗作用的肌肉，叫做拮抗肌。**穩定肌**，是指負責持續收縮以穩定人體其他某些部位，來對抗包括動作肌的收縮力、重力的拉力，或是會干擾動作的任何力量。**中和肌**，是指負責收縮以避免動作肌不想要的動作。

　　肌肉的物理性質包括：彈性（Elasticity），是指肌肉在伸展後恢復原來長度的能力；收縮性（Contractility），是指肌肉需接受足夠刺激而產生收縮；興奮性（Irritability），是指肌肉對刺激起反應的能力；伸展性（Extensibility），是指肌肉能伸展超過放鬆狀態時的長度；傳導性（Conductivity），是指肌肉力量能藉由槓桿原理在人體肢段間傳遞。

　　骨骼肌收縮的形態包括：**向心收縮**（Concentric contraction），或稱縮短收縮，向心收縮（朝肌肉中央）發生於動作肌用力，當肌肉力量大於外在阻力（如重力）時，將附著處的人體肢段接近另一附著處的人體肢段，肌肉長度縮短，例如：手臂朝側邊舉起，肩關節外展肌（三角肌）收縮以對抗手臂阻力，動作肌力將肌肉長度縮短。**離心收縮**（Eccentric contraction），或稱伸長收縮，離心收縮（遠離肌肉中央）發生於動作肌用力，當外在阻力（如重力）比肌肉力量大時，將附著處的人體肢段遠離另一附著處的人體肢段，肌肉長度伸長，例如：手臂從側邊平舉而緩慢的放下時，肩關節外展肌（三角肌）收縮以對抗手臂阻力，但肌肉長度緩慢的被阻力拉長。在多數的情況下，肌肉離心收縮是在執行"煞車（brake）"功能或阻擋力量，以對抗重力或其他外在阻力，當肌肉以這種方式收縮時，是做負功。**等長收縮**（Isometric contraction），或稱靜止收縮，等長的意思是相等長度，等長收縮發生於動作肌用力，當肌肉力量等於外在阻力（如重力）時，肌肉長度沒有改變（圖4-9）。**等張收縮**（Isotonic contraction），等張的意思是相等張力，是當肌肉縮短或伸長時，肌肉張力維持不變（圖 4-10），這常常被當作離心或向心收縮而誤用，不過離心或向心收縮並不意指肌肉張力改變，而只表示肌肉長度的改變。**等速收縮**（Isokinetic contraction），等速的意思是相同速度，需藉由使用特殊的儀器（如等速肌力儀），才可以讓肌肉在整個活動範圍內以相同的速度執行動作，過程中肌肉產生最大的收縮用力。

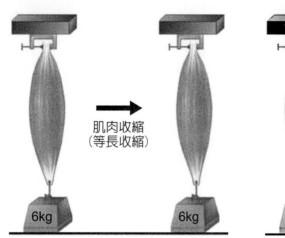

圖4-9　等長收縮示意圖

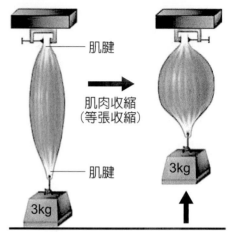

圖4-10　等張收縮示意圖

4-4　影響肌肉力量的運動生物力學要素

影響肌肉力量的運動生物力學要素包括：肌肉附著的角度、力量－時間特性、長度－張力關係、力量－速度關係和作用力臂，說明如下。

（一）肌肉附著的角度（Angle of attachment）

肌肉透過肌腱附著在骨上，但是當關節角度改變或者肢段產生旋轉時，肌肉附著在骨上的角度也會跟著改變，此角度的改變會影響肌肉力量的產生，例如：前臂旋下（Pronated）握槓時，會讓附著在橈骨的肱二頭肌因此扭轉肌腱，改變了肱二頭肌的附著角度，這個位置會影響到肱二頭肌做屈曲時力量的產生；而前臂旋上（Supinated）握槓（不使肱二頭肌肌腱扭轉）較能有效率的讓肱二頭肌產生屈曲的力量（圖 4-11）。

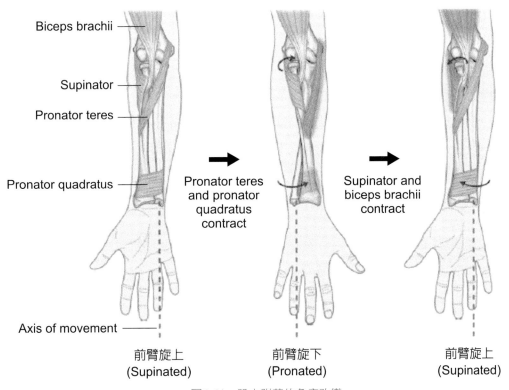

Biceps brachii

Supinator

Pronator teres

Pronator quadratus

Axis of movement

Pronator teres
and pronator
quadratus
contract

Supinator and
biceps brachii
contract

前臂旋上
(Supinated)

前臂旋下
(Pronated)

前臂旋上
(Supinated)

圖4-11　肌肉附著的角度改變

（二）力量 - 時間特性（Force-time characteristics）

　　肌肉的最大力量並不是馬上能夠產生的，因為肌肉最大力量產生還需要反應時間（Reaction time）及肌電機械延遲時間（Electromechanical Delay time）。反應時間是指神經學方面肌腱本體感受器感測到的時間約需 40~80 毫秒；肌電機械延遲時間是指力學方面肌肉中肌動蛋白與肌凝蛋白形成橫橋的時間約需 7~120 毫秒。

（三）長度 - 張力關係（Length-tension relationship）

　　是指肌肉長度（Length）會影響肌肉等長收縮的肌肉張力（Tension）。肌肉等長收縮產生的肌肉總張力（Total tension）是由主動張力（Active tension）和被動張力（Passive tension）加總而成的（圖 4-12）。其中主動張力是由肌纖維主動收縮而產生的張力；被動張力是由肌腱（Muscle tendons）及肌膜（Muscle membranes）被動拉長所產生的張力。不同的關節位置，肌肉拉伸的長度就不一樣，所能產生的肌肉張力也不一樣。

（四）力量 - 速度關係（Force-velocity relationship）

　　是指肌肉收縮速度（Velocity）會影響肌肉向心與離心收縮的力量（Force）。肌肉在做向心收縮時，向心收縮速度快，肌肉力量小（即因外在阻力小）；向心收縮速度慢，肌肉力量大（即因外在阻力大）。在離心收縮動作中，力量 - 速度關係是和向心收縮動作相反的，肌肉在做離心收縮時，離心收縮速度快，肌肉力量大（即因外在阻力大）；離心收縮速度慢，肌肉力量小（即因外在阻力小）。當肌肉收縮速度等於零時，即指等長收縮。由力量 - 速度關係來看等長、向心與離心收縮肌肉力量的大小順序為—離心收縮＞等長收縮＞向心收縮（圖 4-13）。

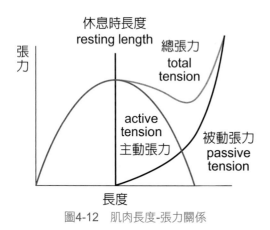

圖4-12　肌肉長度-張力關係　　　　　　　　圖4-13　肌肉力量-速度關係

（五）作用力臂（Moment arm）

　　是指旋轉軸到作用力方向延線的垂直距離。作用力乘以作用力臂等於旋轉力矩，力矩是一種能使物體繞旋轉軸產生轉動效果的物理量，在力矩的作用下，物體會有角加速度。肌肉透過肌腱附著在骨上，附著點就是作用力點，骨骼之關節處便為支點旋轉軸，肌肉和骨骼結構上與關節中心支點旋轉軸的距離即為作用力臂，基於槓桿原理肌肉收縮產生力量牽引骨產生力矩而旋轉運動。關節角度改變時，亦即改變肌肉與骨接觸的角度，同時作用力臂也會改變，而影響肌肉力量的大小（圖 4-14）。當人體肢段在做旋轉運動，肌肉

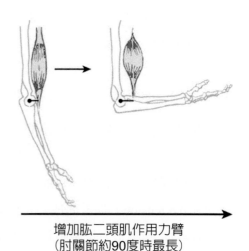

增加肱二頭肌作用力臂
（肘關節約90度時最長）

圖4-14　肌肉作用力臂隨關節角度而改變

旋轉力矩為固定值時，因為作用力與作用力臂成反比，所以作用力臂長，所需肌肉力量小；作用力臂短，所需肌肉力量大。

4-5 人體動作運動生物力學分析知能

當分析人體運動時，都是以人體解剖參考站立姿勢（解剖站姿）為基準，**解剖站姿**是指：身體直立、眼睛直視前方、雙手置於身體兩側、雙手掌心朝前、雙腳張開與肩同寬（圖 4-15）。以解剖站姿來做人體方位的判斷，並且以三個參考面和三個參考軸來定義人體運動及各關節活動之方向。人體方位包括：上方（Superior）、下方（Inferior）、前方（Anterior）、後方（Posterior）、內側（Medial）、外側（Lateral）、近端（Proximal）、遠端（Distal）。三個參考面分別為矢狀面（Sagittal plane）、額狀面（Frontal plane，又稱冠狀面）、橫面（Transverse plane，又稱橫切面、橫斷面、水平面）；三個參考軸分別為橫軸（Mediolateral axis，又稱左右軸）、前後軸（Anteroposterior axis，又稱矢狀軸）、縱軸（Longitudinal axis，又稱垂直軸）（圖 4-15）。

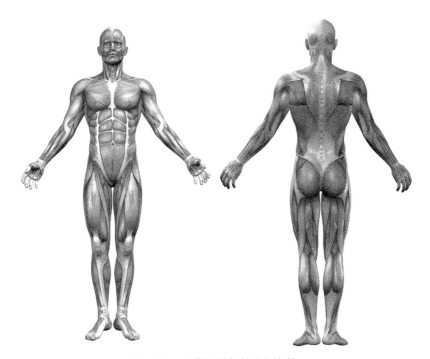

圖4-15 人體解剖參考站立姿勢

　　上方和下方，是指相對位置在上位者位於在下位者的上方，而在下位者位於在上位者的下方；前方，是指人體臉面向的方向；後方，是指人體背對的方向；內側，是指靠近人體中線（Mid-line）的方向；外側，是指遠離人體中線的方向；近端，是指靠近人體軀幹之位置；遠端，是指遠離人體軀幹之位置。

　　矢狀面，是指從人體前、後方貫穿的垂直平面，此平面將人體分成左右兩半；**額狀面**，是指從人體內、外側貫穿的垂直平面，此平面將人體分成前後兩半；**橫面**，是指從人體橫切貫穿人體的水平平面，此平面將人體分成上下兩半（圖 4-16）。

　　橫軸，是指從內、外側水平貫穿的軸線，繞著此軸旋轉的運動，即是在矢狀面上的運動；**前後軸**，是指從前、後方水平貫穿的軸線，繞著此軸旋轉的運動，即是在額狀面上的運動；**縱軸**，是指從上、下方垂直貫穿的軸線，繞著此軸旋轉的運動，即是在橫面上的運動。

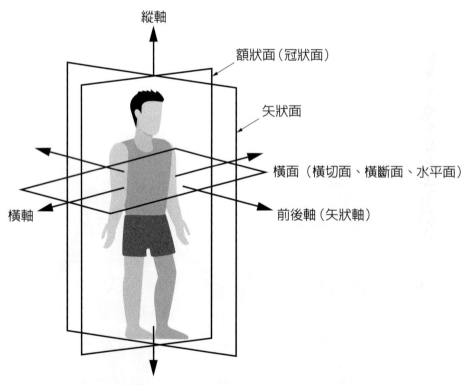

圖4-16　人體方位的三個參考面和三個參考軸

　　分析人體運動時，雖然定義上人體只有上述三個基礎參考面，但是以參考描述人體動作時，卻有無限個平行於三個基礎參考面的平面，例如：描述肘關節屈曲時，前臂在矢狀面上的動作，即是指發生在平行於基礎參考矢狀面上的動作。

　　人體主要肢段在三個基礎參考面上的基本動作定義如下：**矢狀面上的動作**，包括屈曲（Flexion）、伸展（Extension）、足背屈（Dorsiflexion）、蹠屈（Plantarflexion）；**額狀面上的動作**，包括外展（Abduction）、內收（Adduction）、內翻（Inversion）、外翻（Eversion）、尺偏（Ulnar deviation）、橈偏（Radial deviation）、上舉（Elvation）、下壓（Depresion）、側屈（Lateral flexion）；**橫面上的動作**，包括外旋（External / Lateral rotation）、內旋（Internal / Medial rotation）、旋上（Supination）、旋下（Pronation）、水平外展（Horizontal abduction）、水平內收（Horizontal adduction）。

　　因為並非所有動作都是由解剖站姿開始，所以在較複雜動作中的關節活動描述中，關節活動仍然是以如同發生於解剖站姿下的動作予以描述；而動作平面與動作軸則是以實際動作的發生處予以描述。例如：肘關節的屈曲與伸展，由解剖站姿開始前臂活動是發生於矢狀面上的動作，但是若在肩關節處，將肩關節屈曲90度且內轉後，執行肘關節的屈曲與伸展，則被描述為前臂活動是發生於水平面上的動作。

NOTE

第 5 章

健康行為改變

05

　　隨著世界衛生組織（WHO）於 1948 年發布身體、精神及社會等各方面處於健全狀態的健康定義，健康議題探討與健康促進推動儼然成為各國公共衛生政策的重點。健康促進（Health Promotion）的概念於 1970 年代由先進國家開始受到重視，根據加拿大衛生福利部長 Lalonde 提出的健康促進概念指出，健康促進除了強調健康照護（醫療照護體系）外，也需要注意生活型態（或行為模式）、環境品質與人類生物基因等都是影響人類健康的因子；此外，人們的行為表現與生活方式也會受到生物遺傳、外在物理環境與社會心理環境影響。現今社會面臨許多健康問題，除了依靠政府持續推動健康政策外，人們自身的生活型態也需要朝向提升健康目標的發展。近年許多的高科技或臨床醫療部分的解決健康問題，但隨著高齡者死亡率降低及慢性病增加趨勢，活的長不代表活的健康。

　　綜觀來說，人們的行為表現與生活型態會造成不同的健康水平。過去許多研究探討健康行為與健康結果之間的關係，證實了其關係在發病率和死亡率中的作用；處於不良的健康環境與負面的健康行為下，可能會產生許多長期性的健康損害。現今許多慢性病的罹患率與負向健康行為息息相關；由於日常生活的型態轉變成低勞動力的工作、精緻化與高熱量飲食習慣，以及少量的身體活動（運動），容易造成生活性的慢性疾病產生。一個人如能及早辨認健康危害行為（health risk behavior），以及適當的修正與長期維持，預期可以防止與改善許多慢性疾病。「健康行為」是一門衛生教育學科，其中包含辨識人類行為本質、行為與健康的關係、影響行為的相關因子、行為改變技術策略、發展與成效評估等健康生活應用科學。不論是政府健康相關政策推動或是個人健康預防改善措施，健康行為改變的理論基礎與實際應用，將會是健康促進與衛生教育計畫發展的重要依據。

5-1　健康行為的定義與範疇

　　根據李蘭指出，所謂「行為」是指個體與其周遭環境（包括物理環境和社會環境）互動的結果，所以「健康行為」可定義為：個體與周遭環境互動後產生的行為反應，而這些反應會直接或間接地影響個體本身的健康。一般來說，在描述健康行為時會區分健康增強（health enhancing）行為與健康損害（heath enhancing）行為。

健康損害行為對健康有負向影響或者使個人易患疾病的行為。這些行為如吸煙，過量飲酒和高膳食脂肪消耗等。相反，參與健康增強行為是指傳達健康益處或以不同方式保護個體免於疾病。這些行為如運動、水果和蔬菜消費以及應對性傳播疾病威脅的避孕套使用等。Parkerson 等人認為廣義的健康行為是指個人、群體和組織的行為，以及行為過程的決定因素，關聯和後果，這包括了社會變革、政策制定和實施，改善的應對能力和提高的生活質量等行為。這類似於 Gochman 提出的健康行為的工作定義（儘管他的定義強調個人）：健康行為不僅包括可觀察的外顯行動（overt action），而且包括可以報告和測量的心理事件和感覺狀態；健康行為是指人類特有的屬性且強調個人屬性，如信念、期望、動機、價值觀、觀念和其他認知元素；人格特質，包括情感、情感狀態和特質；以及與健康維護、健康恢復和健康改善相關的明顯的行為模式、行為和習慣。健康行為（圖5-1）會在有意識或有主見的情況下表現，也可能會在不自覺的狀態下採取某些行動（Gochman，1982,1997）。Gochman 的定義與之前 Kasl 和 Cobb 公開期刊所提出的健康行為特定類別的定義是連結一致的。Kasl 和 Cobb 定義了三類健康行為：

圖5-1　健康行為

表5-1　三類健康行為

健康行為	定義	範例
1. 預防性行為和保護性行為（preventive and protective behavior）	自覺健康的個體為了預防與監測還未發生或無症狀的疾病而所進行的任何活動。	定期健康檢查、使用安全護具、不抽菸不酗酒、規律的運動習慣、攝取健康食物、保持良好睡眠品質等。
2. 疾病行為（illness behavior）	個體自覺罹病為了自身的健康狀態而找尋找適當補救措施的任何活動。	求助專業醫療人員疾病問題、詢問周遭的人相關的疾病經驗等。
3. 疾病角色（sick-role behavior）	經醫師診斷罹病的個體為了回復健康所進行的任何活動。	遵循醫生指示服藥、改變生活習慣、適當的休息與復健等。

5-2　行為改變的關鍵要素

　　人類的行爲多樣化且複雜，也會因不同的人、時、地或其他干擾因子而有所不同。以廣泛的行爲改變影響因素來說，行爲改變因素可歸類遺傳、環境、成熟與學習因素（圖 5-2）。還未探索健康行爲改變模式之前，我們需要了解行爲改變的關鍵要素；藉由增強這些要素於行爲改變模式中來改變人們的健康行爲。下列爲常見的行爲改變關鍵要素應用於行爲改變模式。

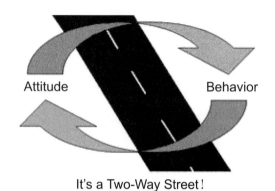

Attitude　　　　　Behavior

It's a Two-Way Street !

圖5-2　行為改變關鍵

表5-2　常見的行為改變關鍵要素應用於行為改變模式

關鍵要素	定義	行為改變策略
威脅（Threat）	人們可能知道或可能不知道的危險或有害事件。	提高對存在威脅的認知，並著重於威脅的嚴重性和敏感性。
恐懼（Fear）	通過顯著的個人相關威脅引起的情緒喚醒。	恐懼對行為改變有強大的影響力。如適當的方式引導，可以激勵人們尋求信息，但也可以導致人們否認他們處於危險中。
反應效能（Response Efficacy）	受感知和相信信息的反應，將防止威脅發生。	提供相關證據並推薦應對措施以避免威脅產生。
自我效能（Self-Efficacy）	個人對完成某項行為的自信程度。	提個人對行為改變的自信，確保可以避免威脅。
障礙（Barriers）	某些東西或因素阻止個人執行行為。	注意可能存在的物理或文化障礙，並試圖消除障礙。
益處（Benefits）	執行行為的正向後果。	溝通執行行為改變的好處。
主觀規範（Subjective norms）	個人在採取某一項特定行為時所感受到的社會壓力，認為別人認為他們應該做的。	了解個人可能遵守哪些社會壓力（條款）。
態度（Attitudes）	個人對執行行為的評價或信念。	行為改變前測量現有的態度。
意圖（Intentions）	個人計劃執行某特定行為的行動傾向與程度。	判定意圖對實際行為的真實性。
行動線索（Cues to Action）	外部或內部因素，造成個人做出行為改變的決定。	提供可能觸發個人做出行為改變決定的通信。
抗拒（Reactance）	當個人對行為改變反對的反應。	確保個人不會感受被操縱或無法避免威脅。

5-3　社會認知理論與健康行為應用

　　學者班杜拉（Albert Bandura）認為人們的行為可以透過觀察與模仿且不需要靠親身經驗，同樣可獲得學習行為的能力。班杜拉提出社會學習理論（social learning）指出，人們的行為是由周遭環境互動下產生的，並強調增強（reinforcement）、模仿（modeling）與自我效能（self-efficacy）等描述行為原理。接著，1986 年班杜拉結合社會學習理論概念提出社會認知理論（Social Cognitive Theory, SCT）。社會認知理論描述個人（person）、行為（behavior）、環境（environment）三者之間的交互作用與影響關係，來解釋影響行為的心理動態與行為改變方法；社會認知理論也通常被稱為相互決定論（reciprocal determinism），認為行為是一種計畫性行為且會被外在環境控制，以及被內在意向影響的外顯與內隱反應或活動。個人因素如個人動機和態度，會因環境因素的改變而相互影響。許多健康教育者和行為科學家，將社會認知理論廣泛應用於認知行為的介入、過程及技巧上作為行為改變增加的策略（圖 5-3）。

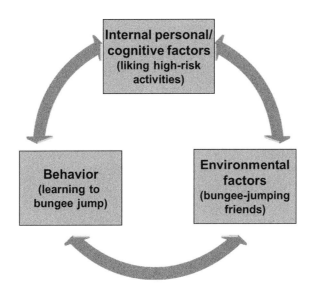

圖5-3　社會認知理論與健康行為

下列因素為社會認知理論的重要概念與可能為干預行為變化（圖 5-4）的應用：

表5-3　社會認知理論的重要概念與可能為干預行為變化的應用

因素	定義	行為改變應用
自我效能（Self-Efficacy）	自我效能是指做完某件事情的「把握」，及判斷一個人執行行為的能力。	為了增加自我效能水平。可藉由提供資源與支持來提升個人信心。
環境（Environment）	個體之外所有能夠影響個體行為的客觀因素；如家人、朋友、同事、空間大小、溫度感覺和食物等。	提供外部環境的機會與社會支持。
情境（Situation）	個體對外部環境投入某一種特定人、事狀態時所展現的對應方式；個體對環境解釋的認知。	修正對環境解釋的誤解與提供促進健康的形式。
行為能力（Behavior apability）	個人對執行行為的知識與技能。	藉由個人掌握學習增加技能訓練。
預期（Expectations）	行為的預期結果；個體藉由某事件中的行為反應來預期相同情境發生的可能性估計。	提供正向結果的健康行為模式。
期望（Expectancies）	個人對行為結果給予的價值。	給予期待的獎勵或誘因；或給予個人對行為改變結果的功能意義。
自我控制（Self-control）	個體調整自身的動機與行動的自律行為，並以目標導向達成行為的過程。	提供自我監測、目標設定、解決問題和自我報酬的機會。
觀察學習（Observational learning）	通過觀察他人的行為和結果而獲得間接學習或替代經驗。	納入健康行為的模範角色作為改變行為的學習目標。
強化作用（Reinforcement）	個體在條件作用下對某種行為結果增加或減少再發生可能的事件刺激與影響。	給予（正增強）或取消（負增強）獎勵或處罰來鼓勵持續、增加或減少某一項健康行為。
情感處理回應（Emotional coping responses）	個體用來處理心理情緒刺激或內隱反應行為的策略或技巧。	提供解決問題的訓練，如壓力管理訓練。
相互決定論（Reciprocal determinism	個人、行為與環境之間動態互動的手段。	考慮行為改變的多種途徑，包括環境，技能和個人互惠改變。

圖5-4　可能干預行為

5-4　跨理論模式與運動行為

　　跨理論模式（transtheoretical model）提出了個體行為改變是經由一連串的連續過程而建立的，行為的改變並非單純的全有或全無，理應將行為過程以改變的階段來解釋。由於每個階段的因子不同，勢必需要採取不同策略因應。跨理論模式認為改變行為時會經歷的行為改變階段（圖 5-5）分別為：

1. **前意圖期**（Precontemplation）：此階段的個體在近期（未來六個月）沒有意圖改變問題行為的想法。
2. **意圖期**（Contemplation）：此階段的個體在近期（未來六個月）有意圖改變問題行為的想法，並稍微意識改變行為的益處，但可能對遭受的困難進入沉思。
3. **準備期**（Preparation）：此階段的個體打算（一個月內）或已經採取某些行為改變步驟。
4. **行動期**（Action）：此階段的個體於過去六個月內已經主動從事行為改變且被觀察有明顯的改變。

5. **維持期**（Maintenance）：此階段的個體主要以避免新行為終止為目標並已經維持新行為超過六個月。

6. **終止期**（Termination）：此階段的個體能確定不因誘惑而回復舊行為。

圖5-5　行為改變階段

　　跨理論模式常用於健康教育與健康促進領域，並廣泛應用於健康推動的實務工作與學術研究。下表為跨理論模式的運動行為特徵與應用：

表5-4　跨理論模式的運動行為特徵與應用

改變階段	運動行為特徵	操作應用範例
前意圖期	未打算運動	• 強調規律運動的好處 • 討論自覺運動阻礙可能的誤解
意圖期	開始考慮運動，但尚未實行	• 發展阻礙運動的解決方案 • 評估自我效能及建立自我效能技巧 • 討論潛在可行的運動類型
準備期	開始做運動，但尚未形成規律	• 建立運動目標與計劃 • 利用增強物（獎勵）鼓勵行動 • 鼓勵與提醒持續活躍運動
行動期	做足夠的運動	• 對運動目標進行紀錄與回饋 • 訂定運動契約 • 參與不同類型運動避免倦怠感 • 與他人一起運動保持運動的參與感

改變階段	運動行為特徵	操作應用範例
持續期	運動成為習慣	• 使用維持運動的潛在獎勵 • 避免回復舊行為的預防措施 • 持續記錄運動習慣保持正向行為態度
終止期	不會因為任何原因終止運動習慣	• 此階段確定不會回復就習慣，但條件十分嚴苛，許多人可能因其他誘因而終止行為

　　跨理論模式中，個體的行為改變過程是從某個階段進入另一個階段的多重作為。如果沒有一個計劃的介入，個體可能會保持停留於早期行為改變階段而缺乏動力通過下一個行為改變階段。因此提供了 14 個改變過程的活動，幫助個體於各階段取得進展。

1. 自我發現（Consciousness-Raising）：認為是問題、閱讀行為問題的教育資料、閱讀克服相同行為問題的資料、發現改變行為的好處、觀看指導性影片或電視節目、諮詢處方師、聽別人說、和別人說、問問題、上相關課程。

2. 社會解放（Social Liberation）：尋求倡導者團體、參加健康俱樂部、參加鄰近健走團體、在非吸菸區工作。

3. 自我分析（Self-Analysis）：反問自我問題行為、表達自我感受、分析自我價值、列出繼續或未完成行為（抽菸、運動等）的好處和害處、參加體能檢測、做營養分析。

4. 情緒喚醒（Emotional Arousal）：想像自己改變的過程、自我視覺化克服問題行為、做一些克服行為或新行為的角色扮演、看行為改變過程的相關影片、參訪毒品勒戒中心。

5. 正面態度（Positive Outlook）：相信自己、知道自己可以、知道自己是獨一無二的、引出先前成功的經驗。

6. 承諾（Commitment）：執行、新年決心書、簽署行為契約書、設定起始和完成日期、和別人宣布你的目標、執行行動計畫。

7. 行為分析（Behavior Analysis）：準備環境日誌，記錄行為啟動和預防行為脫離正軌，監控促進行為的型態及偏離的型態。

8. 目標設定（Goal Setting）：寫下目標、設計專項行動計畫。

9. 自我重新評估（Self-Reevaluation）：決定完成和評價的進度、重新調整目標、列表利弊、權衡利弊、視覺化持續改變、回想之前的行動、從錯誤中學習、針對狀況準備新的行動計劃。

10. 反制（Countering）：尋求替代方案：走路（別開車）、看書（替代吃下午茶）、參加沒有提供酒類的社交活動、自己提購物、跳舞（別吃）、去看電影（替代抽菸）、參加壓力管理課程。

11. 監控（Monitoring）：使用運動訓練日誌、保留日誌、執行營養分析（圖5-6）、計算脂肪重量、記錄連續沒抽菸的天數、使用放鬆技巧的方法和天數。

12. 環境控制（Environment Control）：重新調整家裡（沒有電視、菸灰缸、大杯子）、戒除不健康的項目（香菸、垃圾食物、酒精）、避免去不健康的地方（酒店、歡樂時光店鋪）、避免鼓勵問題行為的關係、使用提醒配備控制問題行為（貼提醒貼紙，晚餐後不吃點心、晚上8點重量訓練等）、常去健康的環境（乾淨的公園、健康俱樂部、低脂/低卡/高營養餐廳、目標和你相似的朋友）。

13. 互助關係（Helping Relationships）：和必需或想要改變和你相同問題的人在一起、組織或參加自我幫助團體、參加社區處理你問題相關的課程（飲食失調症、藥物濫用控制、戒菸等）。

14. 獎賞（Rewards）：看電影、買衣服、買鞋子、買新腳踏車、週末度假、使用正向自我對話（做得好、感覺很棒、我做到了、我知道我辦的到、我很在行）（圖5-7）。

圖5-6　營養分析

圖5-7　運動行為

第 6 章

體能評估

6-1 體能的定義與分類

Physical Fitness 中文翻譯為體能或體適能。而「體適能」一詞,是在「體能」一詞中加入「適」字;「適」除了原意的「適應」外,也可以加上「適當」的字義解釋,這樣會更接近健康的定義。根據教育部體育署對於體能(physical fitness)的定義,體能係指身體具備某種程度的能力,足以安全而有效地應付日常生活中身體所承受的衝擊和負荷,免於過度疲勞,並有體力享受休閒及娛樂活動的能力。

根據維基百科(2017)針對體適能(Physical Fitness)一詞的字面解釋為身體適應外界環境之能力,可視為身體適應生活、運動與環境(例如,溫度、氣候變化或病毒等因素)的綜合能力。它包含了兩個面向,一般素質(身體健康的狀態)以及特定素質(執行某種職業或運動所需要的特定身體能力)。除了足以勝任日常工作外,還有餘力享受休閒,及能夠應付突如其來的變化及壓力之身體素質與能力。因此良好的體適能通常需要通過正確的均衡營養、運動、飲食管理,以及足夠的睡眠與休息才能夠獲得。

而體適能也是全人健康的一部分,可透過健康的生活方式與規律適度的運動來增加身體的活動量以提升體適能。一個人若能夠規律運動且享受運動的過程並因而擁有良好體適能,必然會提升全人健康的各個層面。但因全人健康涉及的層面較為廣泛,除需利用運動保健提升體適能外,仍需融入其他相關健康課題的知能與理念並在生活中力行實踐,方能達成全面有效的健康促進。因此,適當的運動,成為改善現代城市人的生活,達至健康生活方式的主要途徑。而健康狀態與身體適能的整合,可有效率擴展個人生活及工作上的潛力,並與全人健康(wellness)概念融入基層醫療,不但提供民眾周全性及整合性之醫療照護服務,還可架構以民眾健康狀態為中心的醫療作業及發展社區醫療健康體系(郭緒東、張天長、汪在莒,2011)。

郭緒東等(2011)也指出體適能是身體處在健康的狀態且具有下列三種特質:

1. 從事日常生活的活動,身體又不會感到過度疲倦,並且還有餘力去享受休閒及應付突發事情的能力。
2. 少有運動不足相關之健康危險因素。
3. 擁有參加各種身體活動之基礎體能。

　　體適能可分為健康體適能及競技體適能，兩者相互聯繫，而健康體適能是所有體適能的基礎。健康相關體適能即心肺耐力（cardiopulmonary endurance）、身體組成（body composition）、肌肉強度（muscular strength）、肌肉耐力（muscular endurance）與柔軟度（flexibility）；與技能相關的六種體適能，即敏捷性（agility）、平衡性（balance）、協調性（coordination）、肌肉爆發力（power）、反應時間（reaction）及速度（speed）。而美國運動醫學會（American College of Sports Medicine, ACSM）（2013）針對個別不同族群的健康狀況，在促進與維持心肺適能、身體組成、肌力與肌耐力等層面，也都提出運動訓練的質與量的相關建議。

　　ACSM 同時也建議老年人運動處方之運動效益，至少須包含兩大目標：

1. 功能性體適能目標，即為日常生活活動（activities of daily life, ADL）的部分有所效益；
2. 一般性體適能目標，則較為廣泛，包括健康效益，防止身體機能退化、針對功能性以期提高生活品質和獨立照護能力等部分有所效益。

　　因此，在下面章節中將介紹一般健康體適能及針對銀髮族之功能性體適能的檢測與評估方式提供參考。

6-2　健康體適能

一、健康體適能的定義

　　健康體適能（health-related physical fitness）是指與健康有密切關係的心肺血管及肌肉組織的功能，促進健康體能可提供保護身體，避免因坐式生活型態所引起的慢性疾病，如心臟病、腦中風、高血壓及糖尿病等。健康體適能包括身體組成、肌力及肌耐力（圖 6-1）、柔軟度、心肺功能四個要素（Hoeger & Hoeger, 1994）。

（一）身體組成（Body Composition）

　　身體組成是指身體中脂肪和無脂肪的質量的比例。健康的身體組合物是包括較低比例的身體脂肪和較高比例的無脂肪物質的組合物，身體組成是用於評估您的健

圖6-1　肌力、肌耐力

康和健身水平的一種測量，此種分法仍然是目前最普遍用來評估體脂肪百分比的方法，身體的脂肪含量越高，愈容易罹患慢性疾病，如冠心病、腦中風、高血壓及糖尿病等。

（二）肌力及肌耐力（Muscular Strength & Muscular Endurance）

肌力是指肌肉對抗某種阻力時所發出力量，一般而言是指肌肉在一次收縮時所能產生的最大力量（圖6-2）。肌耐力則是指肌肉維持使用某種肌力時，能持續用力的時間或反覆次數。肌力好的人，較容易應付日常體力活動，免於肌肉疲勞和酸痛。

圖6-2　肌力

（三）柔軟度（Flexibility）

任何可以屈、轉、彎、扭，而不使姿勢破壞的能力。柔軟度（圖6-3）是人體各關節所能伸展（圖6-4）活動的最大範圍，可以分為：靜性與動性兩種。靜性柔軟度是以關節為支點運動的活動範圍。動性柔軟度為一關節對於動作的抵抗或阻力，例如進行排球殺球時，攻擊手之手臂在人跳起後所能伸展的最大範圍。柔軟度好的人，在活動時肌肉及韌帶較不易被拉傷，且活動自如、體態優美，柔軟度不好的人關節活動範圍會受到限制。

圖6-3　柔軟度

圖6-4　伸展

（四）心肺耐力（Cardio-respiratory Endurance）

又稱為心肺適能，是衡量你的心臟、肺和肌肉如何協同工作，保持你的身體在一段時間內活躍，我們可以藉由參與常規有氧運動的程序來改善心肺耐力，擁有較佳的心肺耐力，可以使我們運動持續較久，且不至於很快疲倦，也可以使我們平日工作時間更久、更有效率。簡單的說，也就是人體在某一特定運動強度下持續活動及應付長時間身體活動的能力，且較不易罹患心血管疾病。

二、健康體適能的檢測方式

　　健康體適能中每一個不同的要素，都能以多種不同的方式來測量，有些測量技術是須要在實驗室中，利用昂貴的設備進行測驗，但並不適合一般環境，如今有些實地測驗可利用輕便的設備及器材完成，並應選擇一個有效度的、符合施測年齡與最有利於測驗場所的測驗方式。

（一）身體組成測量

1. 腰臀圍比（Waist-to-Hip Ratio, WHR）

　　腰臀圍比是行政院衛生署公布肥胖指標之一，可概略說明體脂肪分布的情形，雖然評價不如皮脂厚測量，不過因為容易施行，是一種簡便且實用的測量脂肪分布方法。根據衛生福利部國民健康署健康久久網站（2016）公告，腰圍（圖 6-5）：水平的測量身體腰部最細部位的尺寸，正確的腰部高度約雙手自然下垂時在手肘的部位。臀圍：測量臀部最大部位的尺寸，從側面觀察時，測量臀部最高點的尺寸，皮尺必須經過臀部最高點及恥骨位置，正確的臀圍高度約在身體的二分之一。

　　腰臀圍比公式如下：

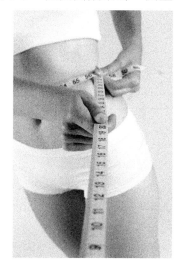

$$腰臀圍比 = \frac{腰圍尺寸（cm）}{臀圍尺寸（cm）}$$

　　腰臀比指數檢測（waist-hip ratio）：男性腰圍超過 90 公分（約 35.5 吋），女性腰圍超過 80 公分（約 31 吋），即可稱為肥胖。當腰臀比超出 0.9（男性）、大於或等於 0.85（女性），易罹患心血管疾病、高血壓、動脈粥狀硬化、糖尿病、高血脂症等慢性病。

圖6-5　腰圍

2. 身體質量指數（Body Mass Index, BMI）

　　身體質量指數（BMI）是依據體重和身高的關係，來說明體型的一種測量方法，由於身體質量指數與體脂肪比率有很高的相關性，是應用最廣泛的肥胖狀態指標，由於容易計算取得，常被用來做大樣本的研究以及比較不同團體的

　　情形，但此法對於特殊族群如孕婦、青少年及運動員等，可能會有錯估的疑慮。

　　根據教育部體育署體適能網站（2015）所公告之身體質量指數的檢測：

(1) 測驗目的：利用身高、體重之比率來推估個人之身體組成

(2) 測驗器材：身高器、體重器

(3) 測量前準備：身高、體重器使用前應校正調整

(4) 方法步驟：

　　① 身高：

　　　　• 受測者脫鞋站在身高器上，兩腳踵密接、直立，背部、臀部及腳踵四部分均緊貼量尺。

　　　　• 受測者眼向前平視，身高器的橫板輕微接觸頭頂和身高器的量尺成直角。眼耳線和橫板平行。

　　　　• 測量結果以公分為單位，計至小數點一位，以下四捨五入。

　　② 體重：

　　　　• 受測者最好在餐畢兩小時後測量，並著輕便服裝，脫去鞋帽及厚重衣物。

　　　　• 受測者站立於體重器上，測量此時之體重。

　　　　• 測量結果以公斤為單位（計至小數點一位，以下四捨五入）

(5) 記錄：將所得之身高（換以公尺為單位）、體重（以公斤為單位），代入此公式中：

$$身體質量指數\ (BMI) = \frac{體重\ (Kg)}{身高^2\ (m)}$$

3. 其他測量方法

　　其他身體組成分析法還包括紅外線交互作用測量法（Near-Infrared Interactance）、磁振造影法（Magnetic Resonance Imaging，MRI）、皮脂厚測量法（Skinfold measurements）及水中秤重法（Underwater Weighing, UWW），以上幾種測量方法有的須在實驗室進行，有的需特殊器材才能進行檢測，一般性環境的測量較不普遍，在此僅提供參考。

（二）肌力及肌耐力測量

1. 肌力（圖6-6）

肌力是肌肉力量的通稱，是肌肉產生最大力量的能力，控制著身體的運動，肌力的測量可由單一次最大努力收縮產生的力量來代表，一般可以使用 1-RM 仰臥推舉來測驗上半身肌力，及 1-RM 的蹲舉來測驗下半身肌力，但因考量到場域及施作時安全的因素，建議應由專人實施測驗或使用較恰當的替代測驗器材。

圖6-6　肌力測量

2. 肌耐力（圖6-7）

肌耐力的評量在健康體適能測驗中一般是以腹部肌群的耐力測驗為主，而在教育部體育署體適能網站（2015）所公告之檢測，是以一分鐘屈膝仰臥起坐作為肌耐力的檢測項目。

一分鐘屈膝仰臥起坐測驗方式：

(1) 測驗目的：評估身體腹部之肌力與肌耐力。

(2) 測驗器材：I.碼錶；II.墊子或其他舒適的表面

(3) 測驗時間：一分鐘

(4) 方法步驟：

① 預備時，請受試者於墊上或地面仰臥平躺，雙手胸前交叉，雙手掌輕放肩上（肩窩附近），手肘得離開胸部，雙膝屈曲約成九十度，足底平貼地面。

圖6-7　肌耐力測量

②　施測者以雙手按住受測者腳背，協助穩定。

③　測驗時，利用腹肌收縮使上身起坐，雙肘觸及雙膝後，而構成一完整動作，之後隨即放鬆腹肌仰臥回復預備動作。

④　聞（預備）口令時保持①之姿勢，聞「開始」口令時盡力在一分鐘內做起坐的動作，直到聽到「停」口令時動作結束，以次數愈多者為愈佳。

(5)　記錄方法：以次為單位計時六十秒；在三十秒時與六十秒時分別記錄其完整次數。

（三）柔軟度測量（圖6-8）

　　柔軟度是指單一關節，或是多關節可自由地活動的範圍，良好的柔軟度可預防下背痛，減少運動傷害，增加日常身體活動的能力，目前並沒有針對全身柔軟度的有效測驗，而是以評估特定關節的柔軟度為主。

　　根據教育部體育署體適能網站（2015）所公告之檢測，是以坐姿體前彎作為柔軟度的檢測項目。坐姿體前彎檢測方式：

1. 測驗目的：測驗柔軟度，評估後腿與下背關節可動範圍肌肉、肌腱與韌帶等組織之韌性或伸展度。

圖6-8　柔軟度測量

2. 測驗器材：(1) 布尺或膠布　(2) 固定膠帶

3. 測量前準備：

(1)　將布尺放置於平坦之地面或墊子上，布尺零點（起點）那端朝向受測者，用膠帶將布尺固定於地面或墊子上，並於25公分處劃一與布尺垂直之長線（以有色膠帶或粉筆皆可），另於布尺兩邊15公分處各劃一長線或貼有色膠帶以免受測者雙腿分開過寬。

(2)　測驗時，為保持受測者膝蓋伸直，除主測者外，可請人於旁督促提醒，但不得妨礙測量。

4. 方法步驟：

(1) 受測者坐於地面或墊子上，兩腿分開與肩同寬，膝蓋直，腳尖朝上（布尺位於雙腿之間）。

(2) 受測者雙腿腳跟底部與布尺之25公分記號平齊（需脫鞋）。

(3) 受試者雙手相疊（兩中指互疊），自然緩慢向前伸展（不得急速來回抖動）盡可能向前伸，並使中指觸及布尺後，暫停二秒，以便記錄。

(4) 兩中指互疊觸及布尺之處，其數值即為成績登記之點（公分）。

例如：中指指尖觸及25公分之點，則登記為25公分，中指指尖若超過腳跟，所觸及之處為27公分，則成績登記為27公分，若中指指尖觸及之點小於腳跟，若在18公分處，則登記為18公分。

5. 記錄方法：

(1) 嘗試一次，測驗二次，取一次正式測試中最佳成績。

(2) 記錄單位為公分。

（四）心肺耐力測量（圖6-9）

教育部體育署（2015）針對心肺適能檢測依據不同測驗對象實施不同的測驗方式，分別是針對國小男、女學生（測驗 800 公尺），國中、高中、高職、大專院校男（測驗 1600 公尺）、女（測驗 800 公尺）學生實施 800 公尺及 1600 公尺跑走。30~65 歲成年男生、女生則進行三分鐘登階測驗。

圖6-9　心肺耐力測量

1. 800公尺及1600公尺跑走測驗：

(1) 測驗目的：測量心肺功能或有氧適能

(2) 測驗器材：I.計時碼錶、石灰、哨子、信號旗、號碼衣 II.田徑場或空曠之地面

(3) 測量前準備：

① 測量之空地或場地於測量前要準確丈量距離，並畫好起、終點線。

② 測量場地要保持地面平整。

(4) 方法步驟：

① 運動開始時即計時，施測者要鼓勵受測者盡力以跑步完成測驗，如中途不能跑步時，可以走路代替，抵終點線時記錄時間。

② 測驗人數過多時，可訓練或安排協測人員或穿戴號碼衣。

(5) 記錄：

① 記錄完成800、1600公尺時之時間（分與秒）。

② 記錄單位為秒（幾分幾秒）。

2. 三分鐘登階測驗

(1) 測驗目的：測量心肺耐力。

(2) 測驗器材：I碼錶。II節拍器（可用錄音帶事先錄好來代替節拍器）。

(3) 高35公分之質地堅實木箱，臺階表面需有防滑處理。

(4) 測量前準備：I.準備高35公分高之木箱或水泥臺階。II.準備每分鐘96次之節拍器或音樂帶。

(5) 測驗時間：三分鐘

(6) 方法步驟：

① 聞「預備」口令時保持準備姿勢。

② 聞「開始」口令，節拍「1」時受測者先以右（左）腳登上臺階，節拍「2」時左（右）腳隨後登上，此時，受測者在臺階上之雙腿應伸直。

③ 節拍「3」左（右）腳由臺階下，接著右（左）腳下來至地面。

④ 完成測驗後，測量一分至一分三十秒、二分至二分三十秒、三分至三分三十秒，三個三十秒的腕脈搏數。

⑤ 受測者隨著節拍器之速度，連續上上下下的登階三分鐘，若上下臺階的節拍慢了三次以上；或在三分鐘未到前已無法持續登階運動時，應立即停止，記錄其運動之時間並測量其脈搏數並記錄之，並用下述公式計算其體力指數。

(7) 記錄方法：將所有之脈搏數帶入下列公式中：

$$體力指數 = \frac{運動持續時間（秒）\times 100}{（恢復期三次脈搏數之總和）\times 2}$$

6-3　銀髮族功能性體適能檢測

銀髮族功能性體適能是針對老年人所設計的體適能檢測（圖6-10），老年人需要有足夠的力量、靈活性和耐力來完成日常任務。而這些健康測試項目涉及常見的活動，例如從椅子站立、走路、提物、彎腰和伸展等，檢測項目包括身體組成、上下肢肌力/肌耐力、上下肢柔軟度、心肺耐力、敏

圖6-10　銀髮族功能性檢測

捷、協調、反應時間及平衡能力等面向，這些測試是為使老年人安全和愉快而被開發的，同時也滿足可靠性和有效性的科學標準。評估這些體能成分可以檢測老年人在導致嚴重功能限制之前，可以先針對這些即將喪失功能的部分加以預防與治療。

在老年人體適能測驗手冊（SFT）（2012）及 AAHPERD（1990）功能性體適能測試中，都有針對銀髮族進行一系列的體能檢測項目加以介紹說明，而根據我國教育部體育署 104-105 年「國民體適能檢測站」設置說明會指出，65 歲以上國民體能檢測項目包含了「身高、體重」與「腰臀圍比」、「開眼單足立」、「椅子坐立」、「肱二頭肌手臂屈舉」、「原地站立抬膝」、「椅子坐姿體前彎」、「抓背測驗」、「椅子坐立繞物」等八大項目，本節將依據我國國民體適能檢測方法（2013）加以介紹此八個檢測項目。

一、身高、體重（身體質量指數，BMI）與腰臀圍比（WHR）

檢測方式跟健康體適能一樣，以身體質量指數與腰、臀圍比為主，世界衛生組織建議以身體質量指數（Body Mass Index）來衡量肥胖程度，其計算公式是以體重（公斤）除以身高（公尺）的平方。國民健康署建議我國成人 BMI 應維持在 18.5 至 24 之間；太瘦、過重或太胖皆有礙健康。另外，利用腰圍與臀圍的比值（Waist to Hip Ratio）預測一個人是否肥胖及是否面臨罹患心臟疾病的風險；以亞洲地區的一般成年人而言，腰圍的健康標準是男性小於 90 公分，女性小於 80 公分；教育部體育署提出的數值為：腰圍/臀圍比，男性在 0.95，女性在 0.86 以下才理想，另

外，衛生福利部國民健康署則是認為，男性小於 0.92，女性小於 0.88 為理想數值；若超過的話，表示腹部的臟器脂肪及皮下脂肪過度堆積，對健康容易造成威脅。

二、開眼單足立測驗（Single Leg Stand Test）（圖6-11）

測驗目的：評估個人靜態平衡能力。

測驗方法：

1. 受測者雙手叉腰，一腳（慣用腳）以全腳掌穩固著地，另一腳屈膝抬離於地面，貼於支撐腳內側。

2. 一腳觸地，另一支撐腳移動，叉腰手離開腰部時，即停錶。

3. 測驗二次，以時間最長值為評估依據。

圖6-11　開眼單足立測驗

三、椅子坐立測驗（Chair Stand Test）（圖6-12）

測驗目的：評估個人下肢肌耐力。

測驗方法：

1. 受試者坐於椅子（約44公分高）中間，背挺直，雙腳平貼於地面，雙手交叉於胸前。

2. 受試者反覆從事起立坐下動作；起立時，雙腿要完全伸直，於三十秒內鼓勵受試者完成最多次數。

3. 實測一次；以完成一次坐立次數為記錄單位。

4. 為確保實施過程的安全，請將椅背靠牆。

圖6-12　椅子坐立測驗

四、肱二頭肌手臂測驗（Arm Curl Test）（圖6-13）

測驗目的：評估個人上肢肌耐力。

測驗方法：

1. 受試者坐於椅子中間，背挺直，雙腳平貼於地面，慣用手實握啞鈴，自然伸直。
2. 女性用五磅啞鈴，男性用八磅啞鈴進行測驗。
3. 測驗時，受試者反覆從事屈臂動作；屈臂時，手要完全屈曲，於三十秒內，鼓勵受試者完成最多次數。
4. 實測一次；以舉啞鈴之次數為記錄單位。

圖6-13　肱二頭肌手臂測驗

五、原地站立抬膝（2 Minute Step in Place Test）（圖6-14）

測驗目的：評估個人心肺耐力。

測驗方法：

1. 受試者先以髂前上棘與膝蓋骨連線中點，決定測驗時大腿抬起高度，在牆上貼上膠布作為註記。
2. 測驗時，受試者應於二分鐘內，以最快速度進行左右踏步，計算右腳抬起次數。
3. 左右抬腿各練習一次，實測二分鐘；以完成一次左右踏步之次數為記錄單位。

圖6-14　原地站立抬膝

六、椅子坐姿體前彎測驗（Chair Sit and Reach Test）（圖6-15）

測驗目的：評估個人下肢柔軟度。

測驗方法：

1. 坐姿在椅子前方，一腳向前伸展，腳勾起，雙手中指互疊向前伸展摸腳趾，測量手掌中指與腳間之距離。
2. 測驗二次，以最佳值為評估依據。

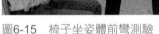

圖6-15　椅子坐姿體前彎測驗

七、抓背測驗（Back Scratch Test）（圖6-16）

測驗目的：評估個人一般肩部運動範圍。

測驗方法：

1. 一手過肩向下方伸展，另一手在腰部向後上方伸展，測量雙手中指間之距離。
2. 測驗二次，以最佳值為評估依據。

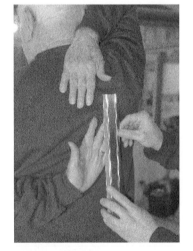

圖6-16　抓背測驗

八、椅子坐立繞物測驗（Seated Up and Go Test）（圖6-17）

測驗目的：評估個人移動時的速度、敏捷性和平衡。

測驗方法：

1. 受試者坐直於椅子上，待施測者下令「開始」後，以最快速度站起，並快走繞行2.44公尺外座椅，再走回原位坐下。
2. 量測從起身至坐下所費時間二次，取時間最短值。

圖6-17　椅子坐立繞物測驗

6-4　體能評估的好處

　　經過一系列的針對性（年齡、性別）體能檢測後，可根據相關常模（參考附錄）進行評估，以幫助確定個人的健康狀況和體能的優勢和弱點，這些是透過將體適能測試結果與同一訓練組、同一運動或相似人群中的其他人進行比較來完成，經過這些比較，您將可以看到需要改進的地方，並且可以相應地修改自己的訓練計劃，以便可以更有效地規劃訓練時間。

　　一開始的體能測試可以提供給受測者認知自我體能水平現狀，以便未來的測試可以與此進行比較，並可以對任何體能變化加以標記，如果您將開始新的體能訓練階段，那麼前次的體能檢測紀錄就尤其重要，因此，我們應該為每個訓練階段的結束和新計畫的開始做持續性的體能測試，以監視自我的體能進度。

　　通常我們可建立每項體能測試的"目標"分數，作為提供體能激勵的機制，提高提供改進的動機，經由下一次測試的日期確立，可以讓自我瞄準該目標分數，來提升運動的動力，因此設定目標是體能評估的好處之一。歸類體能評估的好處有以下幾點：

1. 獲得個人體能水平的科學化測量。
2. 檢閱個人的運動型態。
3. 發展個人對於自我身體健康的認識。
4. 監控個人體能狀態。
5. 建立可實現的目標並維持自我督促的責任。
6. 識別個人的潛在傷害風險。
7. 在任何運動環境中提高自我自信心。
8. 改變個人的運動計劃。

6-5 體適能檢測相關推薦網站

本節將提供體適能介紹、檢測與評估的相關網站，以提供大家前往瀏覽：

- **Rob's Home of Fitness Testing**：http://www.topendsports.com/testing/
- **The Senior Fitness Test**：http://www.topendsports.com/testing/senior-fitness-test.htm
- **The Complete FITNESS TEST List**：http://www.topendsports.com/testing/tests/index.htm
- **ExRx.net/Fitness Testing**：http://www.exrx.net/Testing.html
- **2017 TeachPE.com**：http://www.teachpe.com/fitness/fitness_tests.php

附錄一：健康體適能常模表

體適能常模：身高

表6-1　7-23歲中小學男學生身高百分等級常模(單位:公分)

7-23歲中小學男學生身高百分等級常模(單位:公分)																					
百分等級	5th	10th	15th	20th	25th	30th	35th	40th	45th	50th	55th	60th	65th	70th	75th	80th	85th	90th	95th
年齡																			
7	113	115	116	117	118	119	120	121	121	122	123	124	24	125	126	127	128	130	132
8	118	120	122	123	124	125	125	126	127	128	128	129	130	131	131	132	133	135	137
9	123	125	126	127	129	129	130	131	132	133	133	134	135	136	137	138	139	141	143
10	127	129	131	132	133	134	135	136	137	137	138	139	140	141	142	143	144	146	148
11	131	133	135	137	138	139	140	141	142	143	144	145	146	147	148	149	150	152	155
12	136	139	141	142	144	145	146	147	148	149	150	152	153	154	155	156	158	160	163
13	145	148	150	151	153	154	155	156	157	158	159	160	161	162	164	165	167	169	172
14	151	154	155	157	158	160	161	162	163	164	165	166	167	168	169	170	172	174	177
15	157	159	161	162	163	164	165	166	167	168	169	169	170	171	172	173	175	176	179
16	160	163	164	165	166	167	168	169	170	170	171	172	173	173	174	175	176	178	180
17	162	164	165	167	168	168	169	170	171	172	172	173	174	175	175	176	178	179	181
18	163	165	166	167	168	169	170	171	171	172	173	174	174	175	176	177	178	180	182
19	164	166	167	168	169	170	170	171	172	172	173	174	174	175	176	177	178	179	181
20	164	166	167	168	169	170	171	171	172	173	173	174	175	175	176	177	178	179	181
21	164	166	167	168	169	170	171	171	172	173	173	174	174	175	176	177	178	179	181
22	164	166	167	168	169	170	171	171	172	173	173	174	174	175	176	177	178	179	181
23	164	166	167	168	169	170	171	171	172	173	173	174	175	175	176	177	178	179	181

表6-2　7-23歲中小學女學生身高百分等級常模(單位:公分)

7-23歲中小學女學生身高百分等級常模 (單位:公分)																					
百分等級	5th	10th	15th	20th	25th	30th	35th	40th	45th	50th	55th	60th	65th	70th	75th	80th	85th	90th	95th
年齡																			
7	112	114	116	117	117	118	119	120	120	121	122	122	123	124	125	125	126	128	130
8	118	120	121	122	123	124	125	125	126	127	128	128	129	130	131	132	133	134	136
9	122	124	126	127	128	129	130	131	132	132	133	134	135	136	137	138	139	141	143
10	127	129	131	132	133	134	135	136	137	138	139	140	141	142	143	144	145	147	149
11	132	135	136	138	139	140	141	142	143	144	145	146	147	148	150	151	152	154	157
12	139	142	143	145	146	147	148	149	150	150	151	152	153	154	155	156	158	159	162
13	146	148	149	151	152	152	153	154	155	155	156	157	158	158	159	160	161	163	165
14	148	150	151	152	153	154	155	156	157	157	158	159	160	160	161	162	163	165	167
15	149	151	153	154	155	156	156	157	158	158	159	160	161	161	162	163	164	166	168
16	150	152	154	155	156	156	157	158	159	159	160	161	161	162	163	164	165	166	168
17	151	153	154	155	156	157	158	158	159	160	160	161	162	163	163	164	165	167	169
18	151	153	154	155	156	157	158	158	159	160	160	161	162	162	163	164	165	167	168
19	151	153	154	155	156	157	158	158	159	159	160	161	161	162	163	164	164	166	167
20	152	153	155	156	156	157	158	158	159	160	160	161	161	162	163	164	165	166	167
21	152	153	155	156	156	157	158	158	159	160	160	161	161	162	163	164	165	166	167
22	151	153	154	155	156	157	158	158	159	160	160	161	161	162	163	164	165	166	168
23	152	153	155	156	156	157	158	158	159	160	160	161	161	162	163	164	165	166	167

資料來源：2006-2015 教育部體育署體適能網站

7-9歲數據來自教育部「86年臺閩地區中小學學生體適能檢測資料處理—常模研究」

10-18歲數據來自教育部「101年臺灣中小學學生體適能常模」

19-23歲數據來自教育部「88年臺灣地區大專校院學生體適能常模研究」

體適能常模：體重

表6-3　7-23歲中小學男學生體重百分等級常模(單位:公分)

百分等級	7-23歲中小學男學生體重百分等級常模 (單位:公斤)																		
年齡	5th	10th	15th	20th	25th	30th	35th	40th	45th	50th	55th	60th	65th	70th	75th	80th	85th	90th	95th
7	17	19	20	21	22	22	23	24	24	25	26	26	27	27	28	29	30	31	33
8	18	20	22	23	24	25	26	27	27	28	29	30	30	31	32	33	34	36	38
9	19	22	24	25	27	28	29	30	31	32	32	33	34	35	36	38	39	41	44
10	25	27	28	29	30	31	35	33	34	35	37	38	40	41	43	45	48	51	57
11	28	30	31	32	33	35	36	37	39	40	41	43	44	46	48	50	54	57	64
12	32	34	35	37	38	39	41	42	43	45	47	48	50	52	54	57	59	63	70
13	36	39	41	43	45	46	48	49	51	52	54	56	57	60	62	65	68	74	80
14	41	43	45	47	49	50	51	52	54	55	57	59	60	63	65	68	73	77	84
15	46	48	50	52	53	54	55	57	58	59	60	62	64	67	70	73	77	83	90
16	48	50	52	54	55	56	58	59	61	62	64	65	67	69	71	74	77	82	90
17	49	52	54	55	56	58	59	61	62	63	65	66	68	70	73	76	79	82	90
18	51	54	56	57	59	60	61	63	64	66	67	69	71	73	75	77	81	86	94
19	51	54	56	58	59	61	62	63	64	65	66	67	68	69	70	72	73	75	78
20	52	55	57	59	60	61	62	63	64	66	67	68	69	70	71	72	74	76	79
21	52	55	57	59	60	61	62	63	64	66	67	68	69	70	71	72	74	76	79
22	52	55	57	59	61	62	63	64	65	66	67	68	69	70	72	73	75	77	80
23	52	55	58	59	61	62	63	65	65	66	67	68	69	71	72	73	75	76	79	82

表6-4　7-23歲中小學女學生體重百分等級常模(單位:公分)

百分等級	7-23歲中小學女學生體重百分等級常模 (單位:公斤)																		
年齡	5th	10th	15th	20th	25th	30th	35th	40th	45th	50th	55th	60th	65th	70th	75th	80th	85th	90th	95th
7	17	18	19	20	21	21	22	23	23	24	24	25	25	26	27	27	28	29	31
8	18	20	21	22	23	24	25	26	26	27	27	28	29	30	30	31	32	34	36
9	19	22	23	25	26	27	28	29	29	30	31	32	33	34	35	36	37	39	41
10	25	26	27	28	29	30	31	32	33	34	35	36	37	39	40	42	44	47	53
11	27	29	3	132	33	34	36	37	38	39	40	41	42	44	46	47	50	53	60
12	32	34	36	37	39	40	40	41	43	44	45	46	47	49	51	53	56	59	63
13	37	38	40	41	42	43	44	45	46	47	48	49	50	52	53	55	58	62	68
14	39	41	43	44	45	46	47	48	49	50	52	53	54	55	57	59	61	65	71
15	41	43	44	46	47	48	49	50	50	51	53	54	55	56	57	59	63	67	72
16	42	44	46	47	48	49	50	50	51	52	53	54	55	56	58	60	62	66	72
17	42	44	45	47	48	49	50	50	52	53	54	54	55	56	58	60	62	65	72
18	43	45	46	47	48	49	50	51	52	53	54	55	56	57	59	61	63	66	71
19	42	45	46	47	48	49	50	51	52	52	53	54	55	55	56	57	59	60	62
20	42	45	46	47	48	49	50	51	52	52	53	54	55	55	56	57	59	60	62
21	43	45	46	47	48	49	50	51	51	52	53	53	54	55	56	57	58	59	61
22	43	45	46	47	48	49	50	50	51	52	53	53	54	55	56	57	58	59	61
23	42	44	45	47	48	49	49	50	51	52	53	53	54	55	56	57	58	60	62

資料來源：2006-2015 教育部體育署體適能網站

7-9歲數據來自教育部「86年臺閩地區中小學學生體適能檢測資料處理一常模研究」

10-18歲數據來自教育部「101年臺灣中小學學生體適能常模」

19-23歲數據來自教育部「88年臺灣地區大專校院學生體適能常模研究」

體適能常模：身體質量指數

表6-5　6-18歲臺閩地區男性身體質量評等表

6-18歲臺閩地區男性身體質量評等表				
年齡(歲)	過瘦	正常範圍	過重	肥胖
6	≦13.4	13.5~16.8	16.9-18.4	≧18.5
7	≦13.7	13.8-17.8	17.9-20.2	≧20.3
8	≦14.0	14.1-18.9	19.0-21.5	≧21.6
9	≦14.2	14.3-19.4	19.5-22.2	≧22.3
10	≦14.4	14.5-19.9	20-22.6	≧22.7
11	≦14.7	14.8-20.6	20.7-23.1	≧23.2
12	≦15.1	15.2-21.2	21.3-23.8	≧23.9
13	≦15.6	15.7-21.8	21.9-24.4	≧24.5
14	≦16.2	16.3-22.4	22.5-24.9	≧25
15	≦16.8	16.9-22.8	22.9-25.3	≧25.4
16	≦17.3	17.4-23.2	23.3-25.5	≧25.6
17	≦17.7	17.8-23.4	23.5-25.5	≧25.6
18以上	≦18.4	18.5-23.9	24-26.9	≧27

表6-6　6-18歲臺閩地區女性身體質量評等表

6-18歲臺閩地區女性身體質量評等表				
年齡(歲)	過瘦	正常範圍	過重	肥胖
6	≦13	13.1-17.1	17.2-18.7	≧18.8
7	≦13.3	13.4-17.6	17.7-19.5	≧19.6
8	≦13.7	13.8-18.3	18.4-20.6	≧20.7
9	≦13.9	14.0-19.0	19.1-21.2	≧21.3
10	≦14.2	14.3-19.6	19.7-21.9	≧22
11	≦14.6	14.7-20.4	20.5-22.6	≧22.7
12	≦15.1	15.2-21.2	21.3-23.4	≧23.5
13	≦15.6	15.7-21.8	21.9-24.2	≧24.3
14	≦16.2	16.3-22.4	22.5-24.8	≧24.9
15	≦16.6	16.7-22.6	22.7-25.1	≧25.2
16	≦17	17.1-22.6	22.7-25.2	≧25.3
17	≦17.2	17.3-22.6	22.7-25.2	≧25.3
18以上	≦18.4	18.5-23.9	24-26.9	≧27

上述身體質量指數建議值不適用65歲以上銀髮族

資料來源：衛生福利部102年公布

體適能常模：60秒屈膝仰臥起坐

表6-7　7-23歲中小學男學生仰臥起坐60秒百分等級常模(單位:次)

百分等級	5th	10th	15th	20th	25th	30th	35th	40th	45th	50th	55th	60th	65th	70th	75th	80th	85th	90th	95th
年齡	<<待加強>>				<<中等>>							銅牌			銀牌		金牌		
10	9	13	15	17	19	20	22	23	24	25	26	26	27	29	30	31	33	35	37
11	12	16	18	20	21	22	24	25	26	27	28	29	30	31	32	33	35	37	40
12	16	19	22	24	25	26	27	29	30	30	31	32	33	34	35	37	38	40	44
13	20	24	26	27	29	30	31	32	32	33	34	35	36	38	39	40	42	44	48
14	23	26	28	29	30	32	33	34	34	35	36	38	39	40	40	42	43	45	48
15	24	27	29	30	32	33	34	35	36	37	38	39	40	41	42	44	45	47	50
16	24	28	30	32	33	34	35	36	37	38	40	40	41	43	44	45	47	49	52
17	25	28	30	31	33	34	35	36	37	38	39	40	41	42	43	45	47	49	52
18	25	27	30	31	33	34	35	36	36	37	39	40	41	42	43	44	46	48	51
19	26	29	30	32	33	34	35	36	37	38	38	39	40	41	42	44	45	47	49
20	26	29	30	32	33	34	35	36	37	38	39	40	41	42	43	45	47	49	49
21	26	28	30	32	33	34	35	36	37	38	39	40	41	42	44	45	47	49	49
22	25	28	29	31	32	33	34	35	36	37	38	39	40	41	42	43	44	46	49
23	24	27	28	30	31	32	33	34	35	36	37	38	39	40	41	42	44	45	48

表6-8　7-23歲中小學女學生體重百分等級常模(單位:公分)

百分等級	5th	10th	15th	20th	25th	30th	35th	40th	45th	50th	55th	60th	65th	70th	75th	80th	85th	90th	95th
年齡	<<請加強>>				<<中等>>							銅牌			銀牌		金牌		
10	8	12	15	17	19	20	21	22	23	24	24	25	26	27	28	30	31	33	36
11	10	13	17	19	20	22	23	24	25	26	27	27	28	29	30	31	32	34	37
12	13	17	19	21	22	23	24	25	26	27	28	29	30	30	31	32	34	36	39
13	15	19	21	22	23	25	26	27	28	29	29	30	31	32	33	34	36	38	41
14	14	17	19	22	23	24	25	26	27	28	29	30	31	32	33	34	35	37	40
15	13	16	19	20	22	23	24	25	26	27	29	30	31	32	33	34	36	38	41
16	14	18	20	22	23	24	25	26	27	28	30	31	32	33	35	37	39	29	42
17	13	18	20	22	23	24	25	26	27	28	29	30	31	32	34	35	37	39	42
18	12	18	20	22	23	24	25	26	26	27	28	29	30	31	32	34	35	37	42
19	18	20	22	23	24	25	26	27	28	29	29	30	31	32	33	34	35	37	39
20	18	20	22	23	24	25	26	27	28	29	30	31	31	32	33	34	35	37	39
21	18	20	22	23	24	25	26	27	28	29	30	31	31	32	33	34	35	37	39
22	17	20	21	23	24	25	26	27	28	29	30	31	31	32	33	34	35	36	39
23	17	19	21	23	24	25	26	27	28	29	30	31	31	32	34	35	36	39	39

資料來源：2006-2015 教育部體育署體適能網站

7-9歲數據來自教育部「86年臺閩地區中小學學生體適能檢測資料處理—常模研究」

10-18歲數據來自教育部「101年臺灣中小學學生體適能常模」

19-23歲數據來自教育部「88年臺灣地區大專校院學生體適能常模研究」

體適能常模：60秒屈膝仰臥起坐

表6-9　20-64歲臺閩地區男性仰臥起坐60秒百分等級常模(單位:次)

20-64歲臺閩地區男性仰臥起坐60秒百分等級常模(單位:次)					
五分等級	不好	稍差	普通	尚好	很好
年齡(歲)					
20-24	~31	32~36	37~40	41~46	47~
25-29	~29	30~33	34~37	38~42	43~
30-34	~26	27~30	31~34	35~40	41~
35-39	~24	25~28	29~31	32~36	37~
40-44	~21	22~25	26~29	30~34	35~
45-49	~19	20~23	24~27	28~32	33~
50-54	~16	17~21	22~25	26~30	31~
55-59	~14	15~19	20~22	23~27	28~
60-64	~8	9~14	15~19	20~24	25~

表6-10　20-64歲臺閩地區女性仰臥起坐60秒百分等級常模(單位:次)

20-64歲臺閩地區女性仰臥起坐60秒百分等級常模(單位:次)					
五分等級	不好	稍差	普通	尚好	很好
年齡(歲)					
20-24	~21	22~26	27~30	31~36	37~
25-29	~18	19~23	24~27	28~31	32~
30-34	~15	16~20	21~23	24~28	29~
35-39	~13	14~18	19~22	23~26	27~
40-44	~12	13~17	18~21	22~25	26~
45-49	~11	12~15	16~19	20~24	25~
50-54	~7	8~12	13~16	17~21	22~
55-59	6	7~10	11~15	16~20	21~
60-64	1	2~6	7~11	12~16	17~

資料來源：10-18歲數據來自教育部「101年臺灣中小學學生體適能常模」
19-23歲數據來自教育部「88年臺灣地區大專校院學生體適能常模研究」
20-64歲數據來自行政院體育委員會「100年度國民體能檢測專案」

體適能常模：坐姿體前彎

表6-11　10-23歲中小學男學生坐姿體前彎百分等級常模 (單位公分)

10- 23歲中小學男學生坐姿體前彎百分等級常模(單位公分)																		
百分等級	5th	10th	15th	20th	25th	30th	35th	40th	45th	>50th	>55th	60th	65th	70th	75th	80th	85th	90th	95th
年齡	<<待加強>>				<<中等>>					銅牌				銀牌			金牌		
10	11	15	16	18	19	20	21	23	24	25	25	27	27	29	30	31	32	34	36
11	10	13	15	17	18	19	20	22	23	24	25	26	27	28	29	30	32	34	36
12	9	12	15	16	17	19	20	21	22	23	24	25	26	27	29	30	31	33	36
13	11	14	15	17	18	20	20	22	23	24	25	27	28	29	30	32	33	35	38
14	10	12	15	17	18	20	21	22	23	25	26	27	29	30	31	32	34	36	39
15	9	12	15	17	18	20	21	22	23	25	26	28	29	30	32	33	35	37	40
16	8	12	14	17	18	20	21	23	25	26	27	29	30	31	33	34	36	38	42
17	8	11	14	15	17	19	21	22	24	25	26	28	30	31	32	34	36	38	42
18	7	11	14	16	18	20	21	22	24	25	27	29	30	31	32	34	36	38	41
19	17	20	22	24	26	27	29	30	31	32	34	34	36	37	38	40	42	44	47
20	17	21	23	25	26	28	29	30	31	32	34	35	36	37	39	40	42	44	48
21	17	20	22	24	26	27	28	29	31	32	33	34	35	37	38	40	41	44	47
22	16	19	22	23	25	26	28	29	30	31	32	33	35	36	37	39	41	43	46
23	16	19	22	23	25	26	28	29	30	32	33	34	35	37	38	40	41	44	47

表6-12　10-23歲中小學女學生坐姿體前彎百分等級常模 (單位:公分)

10- 23歲中小學男學生坐姿體前彎百分等級常模(單位公分)																		
百分等級	5th	10th	15th	20th	25th	30th	35th	40th	45th	>50th	>55th	60th	65th	70th	75th	80th	85th	90th	95th
年齡	<<待加強>>				<<中等>>					銅牌				銀牌			金牌		
10	11	15	16	18	19	20	21	23	24	25	25	27	27	29	30	31	32	34	36
11	10	13	15	17	18	19	20	22	23	24	25	26	27	28	29	30	32	34	36
12	9	12	15	16	17	19	20	21	22	23	24	25	26	27	29	30	31	33	36
13	11	14	15	17	18	20	20	22	23	24	25	27	28	29	30	32	33	35	38
14	10	12	15	17	18	20	21	22	23	25	26	27	29	30	31	32	34	36	39
15	9	12	15	17	18	20	21	22	23	25	26	28	29	30	32	33	35	37	40
16	8	12	14	17	18	20	21	23	25	26	27	29	30	31	33	34	36	38	42
17	8	11	14	15	17	19	21	22	24	25	26	28	30	31	32	34	36	38	42
18	7	11	14	16	18	20	21	22	24	25	27	29	30	31	32	34	36	38	41
19	17	20	22	24	26	27	29	30	31	32	34	34	36	37	38	40	42	44	47
20	17	21	23	25	26	28	29	30	31	32	34	35	36	37	39	40	42	44	48
21	17	20	22	24	26	27	28	29	31	32	33	34	35	37	38	40	41	44	47
22	16	19	22	23	25	26	28	29	30	31	32	33	35	36	37	39	41	43	46
23	16	19	22	23	25	26	28	29	30	32	33	34	35	37	38	40	41	44	47

體適能常模：坐姿體前彎

表6-13　20-64歲臺閩地區男性坐姿體前彎百分等級常模(單位:公分)

20-64歲臺閩地區男性坐姿體前彎百分等級常模(單位:公分)					
五分等級 年齡(歲)	不好	稍差	普通	尚好	很好
20-24	~16.0	16.1~23.0	23.1~28.0	28.1~35.0	35.1~
25-29	~15.0	15.1~21.0	21.1~26.0	26.1~33.0	33.1~
30-34	~14.0	14.1~20.0	20.1~25.0	25.1~31.0	31.1~
35-39	~13.0	13.1~20.0	20.1~25.0	25.1~31.0	31.1~
40-44	~12.0	12.1~19.0	19.1~24.0	24.1~30.0	30.1~
45-49	~12.0	12.1~18.0	18.1~24.0	24.1~30.0	30.1~
50-54	~11.0	11.1~18.0	18.1~24.0	24.1~30.0	30.1~
55-59	~10.0	10.1~16.0	16.1~22.0	22.1~30.0	30.1~
60-64	~8.0	8.1~15.0	15.1~20.0	20.1~28.0	28.1~

表6-14　20-64歲臺閩地區女性坐姿體前彎百分等級常模 (單位:公分)

20-64歲臺閩地區女性坐姿體前彎百分等級常模 (單位:公分)					
五分等級 年齡(歲)	不好	稍差	普通	尚好	很好
20-24	~20.0	20.1~27.0	27.1~33.0	33.1~39.5	39.6~
25-29	~18.0	18.1~25.0	25.1~31.0	31.1~37.0	37.1~
30-34	~18.0	18.1~25.0	25.1~30.0	30.1~36.0	36.1~
35-39	~18.0	18.1~25.0	25.1~30.0	30.1~36.0	36.1~
40-44	~17.0	17.1~24.0	24.1~30.0	30.1~36.0	36.1~
45-49	~17.0	17.1~24.0	24.1~29.0	29.1~36.0	36.1~
50-54	~17.0	17.1~25.0	25.1~30.0	30.1~37.0	37.1~
55-59	~18.0	18.1~25.0	25.1~31.0	31.1~37.0	37.1~
60-64	~18.0	18.1~25.0	25.1~31.0	31.1~37.0	37.1~

資料來源：2006-2015 教育部體育署體適能網站

10-18歲數據來自教育部「101年臺灣中小學學生體適能常模」

19-23歲數據來自教育部「88年臺灣地區大專校院學生體適能常模研究」

20-64歲數據來自行政院體育委員會「100年度國民體能檢測專案」

體適能常模：心肺耐力

表6-15　10-23歲中小學男學生八百及一千六百公尺跑走百分等級常模 (單位:分'秒")

百分等級	5th	10th	15th	20th	25th	30th	35th	40th	45th	50th	55th	60th	65th	70th	75th	80th	85th	90th	95th
年齡	≪待加強≫				≪中等≫							銅牌			銀牌		金牌		
10	6'50"	6'25"	6'12"	6'0"	5'47"	5'36"	5'28"	5'18"	5'10"	5'0"	4'51"	4'43"	4'36"	4'27"	4'20"	4'11"	4'1"	3'51"	3'40"
11	6'33"	6'02"	5'46"	5'32"'	5'22"	5'14"	5'04"	4'54"	4'47"	4'40"	4'30"	4'23"	4'16"	4'09"	4'02"	3'55"	3'48"	3'39"	3'30"
12	6'01"	5'34"	5'19"	5'08"	4'57"	4'47"	4'39"	4'31"	4'24"	'4'17"	4'10"	4'03"	3'57"	3'50"	3'43"	3'38"	3'32"	3'25"	3'14"
13	13'16"	12'25"	12'02"	11'35"	11'16"	10'56"	10'44"	10'22"	10'03"	9'50"	9'33"	9'15"	8'57"	8'41"	8'20"	8'8"	7'54"	7'30"	7'04"
14	13'26"	12'22"	11'55"	11'23"	10'59"	10'28"	10'04"	9'45"	9'27"	9'14"	8'57"	8'43"	8'29"	8'14"	7'57"	7'44"	7'28"	7'11"	6'47"
15	12'57"	11'58"	11'10"	10'42"	10'19"	10'00"	9'42"	9'19"	9'05"	8'53"	8'38"	8'22"	8'10"	8'00"	7'46"	7'33"	7'18"	7'03"	6'42"
16	11'55"	11'04"	10'27"	9'59"	9'38"	9'20"	9'04"	8'52"	8'40"	8'27"	8'13"	8'04"	7'54"	7'42"	7'32"	7'20"	7'09"	6'53"	6'36"
17	12'18"	11'07"	10'28"	10'06"	9'47"	9'25"	9'08"	8'55"	8'43"	8'31"	8'17"	8'05"	7'56"	7'47"	7'32"	7'20"	7'09"	6'57"	6'40"
18	12'16"	11'15"	10'42"	10'17"	9'58"	9'38"	9'21"	9'06"	8'51"	8'39"	8'28"	8'18"	8'05"	7'52"	7'40"	7'30"	7'15"	6'59"	6'36"
19	10'28"	10'01"	9'43"	9'29"	9'17"	9'05"	8'55"	8'46"	8'36"	8'27"	8'18"	8'09"	7'59"	7'49"	7'38"	7'25"	7'11"	6'53"	6'27"
20	10'31"	10'04"	9'45"	9'31"	9'18"	9'07"	8'57"	8'47"	8'37"	8'28"	8'18"	8'09"	7'59"	7'49"	7'37"	7'25"	7'10"	6'52"	6'25"
21	10'30"	10'04"	9'46"	9'31"	9'19"	9'08"	8'58"	8'48"	8'39"	8'30"	8'20"	8'11"	8'01"	7'51"	7'40"	7'27"	7'13"	6'55"	6'29"
22	10'23"	9'58"	9'40"	9'27"	9'15"	9'04"	8'55"	8'45"	8'36"	8'28"	8'19"	8'10"	8'00"	7'51"	7'40"	7'27"	7'15"	6'57"	6'32"
23	10'32"	10'06"	9'48"	9'34"	9'22"	9'10"	9'01"	8'51"	8'42"	8'33"	8'23"	8'14"	8'04"	7'55"	7'43"	7'31"	7'17"	6'59"	6'33"

表6-16　10-23歲中小學女學生八百公尺跑走百分等級常模(單位:分'秒")

百分等級	5th	10th	15th	20th	25th	30th	35th	40th	45th	50th	55th	60th	65th	70th	75th	80th	85th	90th	95th
年齡	≪請加強≫				≪中等≫							銅牌			銀牌		金牌		
10	6'53"	6'29"	6'14"	'6'03"	5'53"	5'46"	5'38"	5'28"	5'22"	5'14"	5'07"	5'03"	4'55"	4'47"	4'41"	4'33"	4'25"	4'11"	4'00"
11	6'27"	6'03"	5'48"	5'38"	5'29"	5'22"	5'16"	5'09"	5'03"	4'56"	4'49"	4'43"	4'36"	4'29"	4'22"	4'15"	4'09"	3'56"	3'46"
12	6'08"	5'46"	5'32"	5'22"	5'15"	5'09"	5'03"	4'56"	4'49"	4'44"	4'40"	4'33"	4'27"	4'21"	4'15"	4'09"	4'03"	3'54"	3'43"
13	6'08"	5'54"	5'31"	5'22"	5'16"	5'07"	5'00"	4'54"	4'49"	4'43"	4'37"	4'32"	4'26"	4'20"	4'16"	4'10"	4'03"	3'54"	3'44"
14	6'25"	5'56"	5'39"	5'30"	5'23"	5'14"	5'09"	5'02"	4'55"	4'49"	4'44"	4'39"	4'33"	4'28"	4'23"	4'17"	4'10"	4'02"	3'53"
15	6'16"	5'53"	5'35"	5'28"	5'20"	5'11"	5'05"	4'59"	4'53"	4'47"	4'41"	4'35"	4'30"	4'24"	4'19"	4'12"	4'06"	3'57"	3'47"
16	6'16"	5'50"	5'32"	5'20"	5'11"	5'03"	4'55"	4'49"	4'44"	4'38"	4'33"	4'28"	4'24"	4'19"	4'14"	4'09"	4'03"	3'55"	3'44"
17	6'5"	5'45"	5'30"	5'15"	5'06"	5'01"	4'54"	4'48"	4'42"	4'38"	4'33"	4'30"	4'25"	4'19"	4'15"	4'09"	4'02"	3'56"	3'46"
18	6'22"	5'52"	5'36"	5'26"	5'17"	5'8"	5'1"	4'56"	4'50"	4'46"		4'36"	4'32"	4'27"	4'21"	4'16"	4'11"	4'3"	3'51"
19	5'45"	5'32"	5'24"	5'17"	5'11"	5'05"	5'00"	4'55"	4'51"	4'46"	4'42"	4'37"	4'33"	4'28"	4'22"	4'16"	4'09"	4'00"	3'47"
20	5'52"	5'38"	5'29"	5'21"	5'15"	5'09"	5'04"	4'59"	4'54"	4'49"	4'45"	4'40"	4'35"	4'30"	4'24"	4'18"	4'10"	4'01"	3'47"
21	5'46"	5'32"	5'23"	5'16"	5'10"	5'05"	5'00"	4'55"	4'50"	4'46"	4'41"	4'36"	4'32"	4'27"	4'21"	4'15"	4'08"	3'59"	3'46"
22	5'42"	5'21"	5'21"	5'14"	5'08"	5'03"	4'58"	4'54"	4'49"	4'45"	4'40"	4'36"	4'32"	4'27"	4'22"	4'16"	4'09"	4'01"	3'48"
23	5'43"	5'23"	5'23"	5'17"	5'11"	5'06"	5'01"	4'57"	4'53"	4'48"	4'44"	4'40"	4'36"	4'31"	4'26"	4'20"	4'14"	4'6"	3'53"

體適能常模：心肺耐力

表6-17　20-64歲臺閩地區男性三分鐘登階心肺耐力指數百分等級常模

20-64歲臺閩地區男性三分鐘登階心肺耐力指數百分等級常模				
五分等級	不好	稍差	普通	尚好	很好
年齡(歲)					
20-24	~48.1	48.2~52.9	53.0~57.0	57.1~62.5	62.6~
25-29	~47.1	47.2~51.1	51.2~55.2	55.3~60.8	60.9~
30-34	~47.4	47.5~51.4	51.5~55.6	55.7~60.8	60.9~
35-39	~47.6	47.7~52.0	52.1~55.9	56.0~61.2	61.3~
40-44	~47.9	48.0~52.3	52.4~56.3	56.4~61.6	61.7~
45-49	~48.1	48.2~52.9	53.0~57.0	57.1~62.5	62.6~
50-54	~48.9	49.0~53.3	53.4~57.7	57.8~63.4	63.5~
55-59	~48.9	49.0~53.9	54.0~58.8	58.9~64.3	64.4~
60-64	~48.4	48.5~54.2	54.3~58.8	58.9~64.3	64.4~

表6-18　20-64歲臺閩地區女性三分鐘登階心肺耐力指數百分等級常模

20-64歲臺閩地區女性三分鐘登階心肺耐力指數百分等級常模				
五分等級	不好	稍差	普通	尚好	很好
年齡(歲)					
20-24	~46.6	46.7~50.6	50.7~54.2	54.3~59.6	59.7~
25-29	~46.4	46.5~50.3	50.4~53.9	54.0~59.2	59.3~
30-34	~46.9	47.0~51.1	51.2~54.9	55.0~60.4	60.5~
35-39	~47.4	47.5~51.4	51.5~55.2	55.3~60.4	60.5~
40-44	~47.1	47.2~52.0	52.1~55.6	55.7~60.8	60.9~
45-49	~47.4	47.5~52.6	52.7~57.0	57.1~62.1	62.2~
50-54	~47.1	47.2~53.3	53.4~57.7	57.8~63.4	63.5~
55-59	~45.7	45.8~53.4	53.5~58.1	58.2~63.8	63.9~
60-64	~41.4	41.5~50.8	50.9~57.0	57.1~63.4	63.5~

資料來源：10-18歲數據來自教育部「101年臺灣中小學學生體適能常模」
19-23歲數據來自教育部「88年臺灣地區大專校院學生體適能常模研究」
20-64歲數據來自行政院體育委員會「100年度國民體能檢測專案」

附錄二：銀髮族功能性體適能常模表
體適能常模：身高

表6-19　體適能常模：開眼單足立

等級	秒數
很好	> 50
上好	40 - 50
普通	25- 39
稍差	10-24
不好	< 10

資料取自：Johnson, B.L., & Nelson, J.K. (1979). Practical measurements for evaluation in physical education. 4th Edit. Minneapolis: Burgess.

表6-20　體適能常模：椅子坐立（男生）

年齡	低於平均值	平均值	高於平均值
60-64	< 14	14 to 19	> 19
65-69	< 12	12 to 18	> 18
70-74	< 12	12 to 17	> 17
75-79	< 11	11 to 17	> 17
80-84	< 10	10 to 15	> 15
85-89	< 8	8 to 14	> 14
90-94	< 7	7 to 12	> 12

表6-21　體適能常模：椅子坐立（女生）

年齡	低於平均值	平均值	高於平均值
60-64	< 12	12 to 17	> 17
65-69	< 11	11 to 16	> 16
70-74	< 10	10 to 15	> 15
75-79	< 10	10 to 15	> 15
80-84	< 9	9 to 14	> 14
85-89	< 8	8 to 13	> 13
90-94	< 4	4 to 11	> 11

資料取自：Jones C, J., Rikli R, E. (2002). Measuring functional fitness of older adults, The Journal on Active Aging, 24–30.

表6-22　體適能常模：肱二頭肌手臂屈舉（男生）

年齡	低於平均值	平均值	高於平均值
60-64	< 16	16 to 22	> 22
65-69	< 15	15 to 21	> 21
70-74	< 14	14 to 21	> 21
75-79	< 13	13 to 19	> 19
80-84	< 13	13 to 19	> 19
85-89	< 11	11 to 17	> 17
90-94	< 10	10 to 14	> 14

表6-23　體適能常模：肱二頭肌手臂屈舉（女生）

年齡	低於平均值	平均值	高於平均值
60-64	< 13	13 to 19	> 19
65-69	< 12	12 to 18	> 18
70-74	< 12	12 to 17	> 17
75-79	< 11	11 to 17	> 17
80-84	< 10	10 to 16	> 16
85-89	< 10	10 to 15	> 15
90-94	< 8	8 to 13	> 13

資料取自：Jones C, J., Rikli R, E. (2002). Measuring functional fitness of older adults, The Journal on Active Aging, 24–30.

表6-24　體適能常模：原地站立抬膝（男生）

年齡	低於平均值	平均值	高於平均值
60-64	< 87	87 to 115	> 115
65-69	< 87	86 to 116	> 116
70-74	< 80	80 to 110	> 110
75-79	< 73	73 to 109	> 109
80-84	< 71	71 to 103	> 103
85-89	< 59	59 to 91	> 91
90-94	< 52	52 to 86	> 86

表6-25　體適能常模：原地站立抬膝（女生）

年齡	低於平均值	平均值	高於平均值
60-64	< 75	75 to 107	> 107
65-69	< 73	73 to 107	> 107
70-74	< 68	68 to 101	> 101
75-79	< 68	68 to 100	> 100
80-84	< 60	60 to 91	> 91
85-89	< 55	55 to 85	> 85
90-94	< 44	44 to 72	> 72

資料取自：Jones C, J., Rikli R, E. (2002). Measuring functional fitness of older adults, The Journal on Active Aging, 24–30.

表6-26　體適能常模：椅子坐姿體前彎（男生）

年齡	低於平均值	平均值	高於平均值
60-64	< -2.5	-2.5 to 4.0	> 4.0
65-69	< -3.0	-3.0 to 3.0	> 3.0
70-74	< -3.5	-3.5 to 2.5	> 2.5
75-79	< -4.0	-4.0 to 2.0	> 2.0
80-84	< -5.5	-5.5 to 1.5	> 1.5
85-89	< -5.5	-5.5 to 0.5	> 0.5
90-94	< -6.5	-6.5 to -0.5	> -0.5

表6-27　體適能常模：椅子坐姿體前彎（女生）

年齡	低於平均值	平均值	高於平均值
60-64	< -0.5	-0.5 to 5.0	> 5.0
65-69	< -0.5	-0.5 to 4.5	> 4.5
70-74	< -1.0	-1.0 to 4.0	> 4.0
75-79	< -1.5	-1.5 to 3.5	> 3.5
80-84	< -2.0	-2.0 to 3.0	> 3.0
85-89	< -2.5	-2.5 to 2.5	> 2.5
90-94	< -4.5	-4.5 to 1.0	> 1.0

資料取自：Jones C, J., Rikli R, E. (2002). Measuring functional fitness of older adults, The Journal on Active Aging, 24–30.

表6-28　體適能常模：抓臂（男生）

年齡	低於平均值	平均值	高於平均值
60-64	< -6.5	-6.5 to 0	> 0
65-69	< -7.5	-7.5 to -1.0	> -1.0
70-74	< -8.0	-8.0 to -1.0	> -1.0
75-79	< -9.0	-9.0 to -2.0	> -2.0
80-84	< -9.5	-9.5 to -2.0	> -2.0
85-89	< -10.0	-10.0 to -3.0	> -3.0
90-94	< -10.5	-10.5 to -4.0	> -4.0

表6-29　體適能常模：抓臂（女生）

年齡	低於平均值	平均值	高於平均值
60-64	< -3.0	-3.0 to 1.5	> 1.5
65-69	< -3.5	-3.5 to 1.5	> 1.5
70-74	< -4.0	-4.0 to 1.0	> 1.0
75-79	< -5.0	-5.0 to 0.5	> 0.5
80-84	< -5.5	-5.5 to 0	> 0
85-89	< -7.0	-7.0 to -1.0	> -1.0
90-94	< -8.0	-8.0 to -1.0	> -1.0

資料取自：Jones C, J., Rikli R, E. (2002). Measuring functional fitness of older adults, The Journal on Active Aging, 24–30.

表6-30　體適能常模：椅子坐立繞物（男生）

年齡	低於平均值	平均值	高於平均值
60-64	> 5.6	5.6 to 3.8	< 3.8
65-69	> 5.7	5.7 to 4.3	< 4.3
70-74	> 6.0	6.0 to 4.2	< 4.2
75-79	> 7.2	7.2 to 4.6	< 4.6
80-84	> 7.6	7.6 to 5.2	< 5.2
85-89	> 8.9	8.9 to 5.3	< 5.3
90-94	> 10.0	10.0 to 6.2	< 6.2

表6-31　體適能常模：椅子坐立繞物（女生）

年齡	低於平均值	平均值	高於平均值
60-64	> 6.0	6.0 to 4.4	< 4.4
65-69	> 6.4	6.4 to 4.8	< 4.8
70-74	> 7.1	7.1 to 4.9	< 4.9
75-79	> 7.4	7.4 to 5.2	< 5.2
80-84	> 8.7	8.7 to 5.7	< 5.7
85-89	> 9.6	9.6 to 6.2	< 6.2
90-94	> 11.5	11.5 to 7.3	< 7.3

資料取自：Jones C, J., Rikli R, E. (2002). Measuring functional fitness of older adults, The Journal on Active Aging, 24–30.

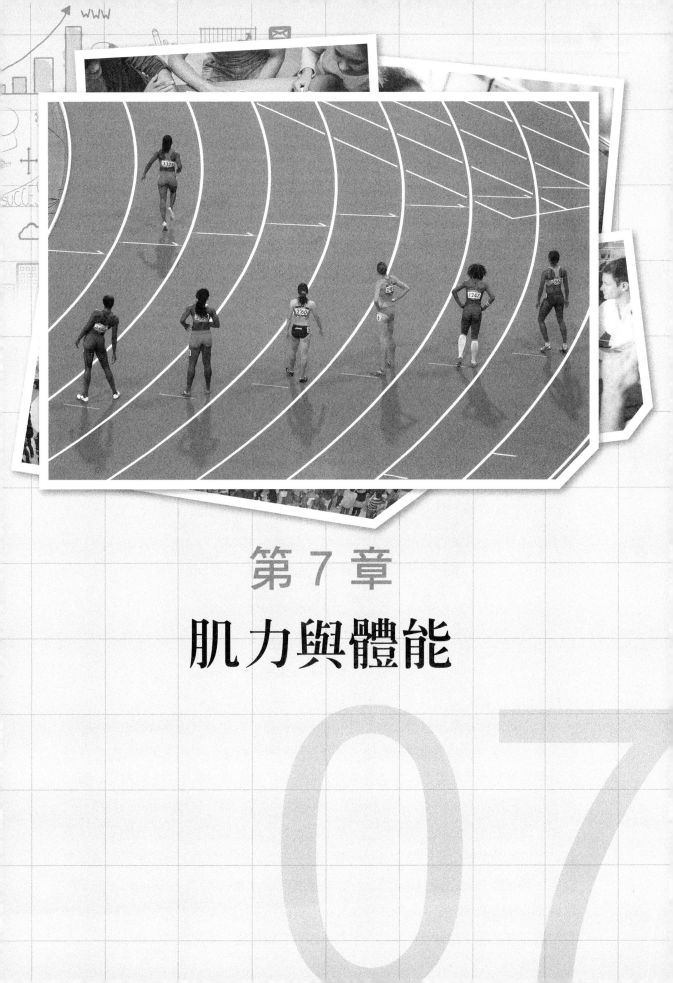

第 7 章

肌力與體能

7-1　肌力與體能概論

　　人類的體能指日常生活中自然的走、跑、跳、抬、跨、舉、拉、伸等及勞動（工作及各種活動力）過程中所需的身體機能運作能力，包括：心肺功能（心臟負荷、心肺血管適應力）、肌肉適應力（肌力、肌耐力）、柔軟度、反應時間（速度、敏捷性）平衡、節奏、韻律（反復彈性）等協調整合之運動生理機能，各類體能間相互牽引，相互制衡及相互促進發展。機能好者，適應力強、充滿活力，反之則差（圖 7-1）。

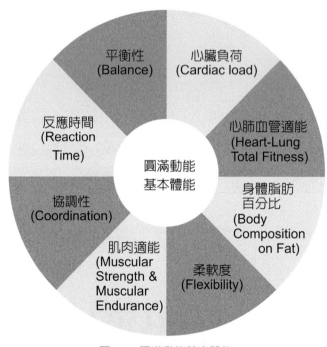

圖7-1　圓滿動能基本體能

　　以上各類體能要素根基在於身體肌肉的本質力，因此首先要認識肌肉對身體的作用性，肌肉為提供身體發揮動能，具有神經傳導的興奮性與肌能之收縮性、伸展性及彈性等基本功能構造，包括骨骼肌、心肌及平滑肌等三類型，心肌幫助心臟收縮，平滑肌幫助消化作用與高低血壓管控以及協助其他器官在體內運轉。身體只要活動，就需要許多生理上的系統來一起協調運作，來使身體保持運作狀態；如呼吸系統：運動時需藉由此系統（氣管、嘴、鼻）吸進大氣空氣進入肺部使其完成氣體交換（氧氣與二氧化碳間之交換），因此運動時會大量換氣（ventilation），形成呼吸頻率及換氣量會增加。長期規律運動可改善呼吸肌的效率與耐力，減少呼吸頻率與增加肺泡與微血管氣體交換效率，進而強化心臟機能，促使體能提升（圖 7-2）。

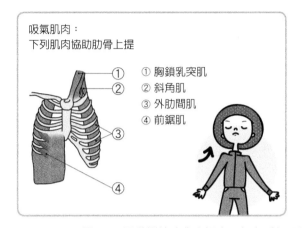

吸氣肌肉：
下列肌肉協助肋骨上提
① 胸鎖乳突肌
② 斜角肌
③ 外肋間肌
④ 前鋸肌

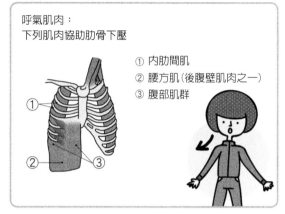

呼氣肌肉：
下列肌肉協助肋骨下壓
① 內肋間肌
② 腰方肌(後腹壁肌肉之一)
③ 腹部肌群

圖7-2　運動訓練強化與調合吸氣與呼氣肌群，同時也活化腦與及脊髓中樞

（一）循環系統

心血管系統具兩個重要環系：一是肺循環，二為體循環，它們的運作讓體內獲取外界氧氣並排出二氧化碳，有效的運動除了讓心臟射血量增加，也使血管增加彈性與微血管密度，有效率幫助營養物質與血液在各細胞組織間交換。

（二）肌肉系統

運動時肌肉需要從體內獲得足夠的能源物質，以提供作用肌收縮並產生機械能，血流會增多帶著物質進入肌肉中，同時也會移除某些物質；因此，肌力因反覆施力變強後，有氧酵素增加、粒線體數增大、肌紅素增多、肌纖微增大等好處。因此，骨骼肌、心肌及平滑肌等身體肌肉系統會因運動時的牽拉刺激共同作用幫助完成身體活動，而促使身上所有健康系統提升，包括骨骼肌、骨骼關節、心血管、呼吸、神經及內分泌系統等，換言之，肌力好體能就佳（圖 7-3）。

圖7-3　肌肉系統

（三）肌力與肌耐力訓練的適應性

　　肌力的產生來自肌纖維內蛋白細絲的滑動作用，分成能快速收縮肌群（白肌）和具有耐力的慢速收縮肌群（紅肌）兩種；透過訓練，此兩種肌纖維的尺寸都會增大，但要長期訓練才能改變肌纖維內在合成代謝時酶的濃度。因此剛開始運動有時會速度來不及、較無力或無法持久等適應性不佳的問題，但持續訓練就能逐漸改善。因此，有計畫的實施肌力訓練，可強化身體之肌肉構造，並可增強動作運轉時的功能性，進而提升動作表現。

7-2　肌力與健康的關係

一、肌肉組織與肌力

　　ACSM（1998）指出肌力訓練可以協助、加強活動能力並防止因老化所引起的肌肉流失、低骨質密度、低心血管循環能力、平衡性差和步態等（林晉利，2007）。肌肉組織與肌力自青春期到 30 歲左右為顛峰期，隨後逐年下降，其中以骨骼肌肉量及骨質密度的變化最明顯。隨著年長逐漸改變肌纖維類型，使快縮肌纖維變少、慢縮肌纖維變多，而使肌肉的力量與速度下降。

　　文獻指出，肌力下降是一種廢退模式，可能重力與快速活動減少，當快縮肌纖維較少被運作激化，造成肌細飽萎縮。總體肌肉體積變少與量也會減小，對大部分個體而言，肌肉粗與細是很好的肌力預測因子。從生活經驗常理可知，當肌肉反覆出力與阻抗持續一段時間，即可發現肌肉變粗（肌纖維橫斷面積變厚即尺寸變大），如同每天騎腳踏車不久發現大腿變粗壯（Kamen,2007）。反之，少用則變細、較無力，爬樓梯時就很明顯吃力，若久病在床就行動更是難行。

　　因此，運動科研得知每個人都會面對肌力退化的問題，除非經過適當的鍛練，否則多數人年過 30，每 10 年會增胖約 5 公斤、流失約 2.5 公斤的肌肉。研究指出，成年後肌肉質量每 10 年約減少 8%，在 30 至 60 歲的過程中，肌肉的橫斷面積會減少 40%，腿部力量則以每 10 年下降 10-15% 的速率下跌，70 歲後更是增加到 25-40% 左右。即使做多種有氧跑步也不夠，因為有氧跑步多半是呈垂直身體姿勢（高水平）向前移動下肢為主的活動，需要刻意運用阻抗，鍛練到比較深層的大肌群如腹腰核心肌群與背、胸、臀等部位的肌群，有了肌肉才能加快體循環，促進新陳代謝速率，也才不易肥胖堆積，造成許多不利生理的後遺症。而且肌肉承重時，會刺激骨質生成，減緩中年以上的骨質流失，預防骨質疏鬆症。男性最高肌肉量在 18-25 歲，女性在 16-20 歲。由此也可理解，爲何有些需要速度表現的世界一流選手，過了 25 歲就過了巔峰，被更年輕的選手打敗。

二、肌少症使身形變老及引發疾病

隨年紀增長，身體不活動或活動力下降、老化相關之荷爾蒙與內分泌改變、炎症反應、細胞凋亡、營養與吸收不良、神經退化等問題一再惡性循環，導致引發一種與人體衰老有關的漸進式綜合變化徵狀 —— 肌肉減少症（sarcopenia）（Cruz-Jentoft et al., 2010）。透過有效運動可以避免肌少症，反之如果你活動量下降、能量耗損較低，腹部臟層的脂肪會釋放許多發炎物質，影響內分泌，肌肉也同時流失。肌少症會增加骨頭和關節負擔，除了容易發生骨質疏鬆，造成佝僂、身形萎縮，也增加跌倒、骨折的風險，進而臥床或住院，行動受限，更加快肌肉流失的速度，造成惡性循環，提高死亡風險。

台大醫院針對家醫科和老醫部門診老人，利用文獻報告的診斷切點平均值估計發現：有慢性病的老人中，每三個男性就有一個、女性則是每四個就有一個有肌少症。

三、臥床10天，肌肉少1公斤

歐盟老年醫學會（European Union Geriatric Medicine Society）的研究則指出，臥床不動會加速肌肉流失。米契爾前理事長指出，研究發現健康老人臥床 10 天，就少了 1 公斤的肌肉。如果生病，肌肉消耗得更快，因而跌倒、骨折風險提高。所以美國運動醫學會（American College of Sports Medicine）最新指引就一再提醒：健康成年人除了每週 150 分鐘以上的有氧運動，還應加上至少兩天的肌力訓練與伸展運動，不要等到老了才後悔沒有早點運動，預防肌肉流失。

7-3　肌肉構造與肌力產生

一、肌肉本質

　　肌肉它具有興奮、收縮、伸展、彈性等功能，我們身上有下列 2 種類型肌肉組織類型：

1. 不隨意肌

　　(1)　心肌─讓心臟搏動，與骨骼肌之肌細胞相同構造，含肌動蛋白細胞與肌凝蛋白肌纖維，不同是此心肌細胞具高度有氧性來產生酶系統，且具抵抗疲勞功能，必須要有節奏的收縮，提供能量因子顯現生命力，因此，它是生命中不能停下來的器官。研究顯示，有氧運動可讓心肌變肥厚有力，讓心臟輸出血液與回流血液增多。

　　(2)　平滑肌─幫助控制血壓和幫助消化作用，以及控制其他體內器官的機能。

2. 隨意肌（骨骼肌）

　　骨骼系統中的肌肉骨頭與結締組織之共同作用引發了運動，身上骨架構造有 208 塊骨頭，至少 600 個以上的不同大小、形狀和功能的骨骼肌肉，主要提供力量並可隨個人意向任意支配活動。肌肉組織主要由肌細胞組成，肌細胞為細長的纖維細胞，故亦稱肌纖維（ muscle fiber ）。

二、肌力之產生

　　包圍著每個肌細胞的薄層結締組織稱為肌膜，結締組織纏繞著肌束且圍繞著全部肌肉，它促使肌肉蛋白集結一起，形成穩固的結構，在成群肌束所構成的肌肉末端，纏繞的結締組織變細形成肌腱。在骨骼肌細胞內，肌原纖維是一種會產生張力並讓我們產生運動的特殊構造。肌肉收縮時，肌細胞會縮短，此收縮能力來自細胞內兩個粗（肌凝蛋白）與細（肌動蛋白）之收縮蛋白細絲，相互滑動分解 ATP 產生能量而產生肌力，因此力量產生來自於骨頭、肌肉、結締組織等相互的成分與其共同引發的結果。要穩固身上成群結束之肌肉構造，運動訓練是必然的措施，並將它們排列整齊，使血管運送血液順暢。骨骼肌又稱隨意肌，其神經支配由大腦皮質控制為腦脊髓系統來支配肌肉活動（圖 7-4）。

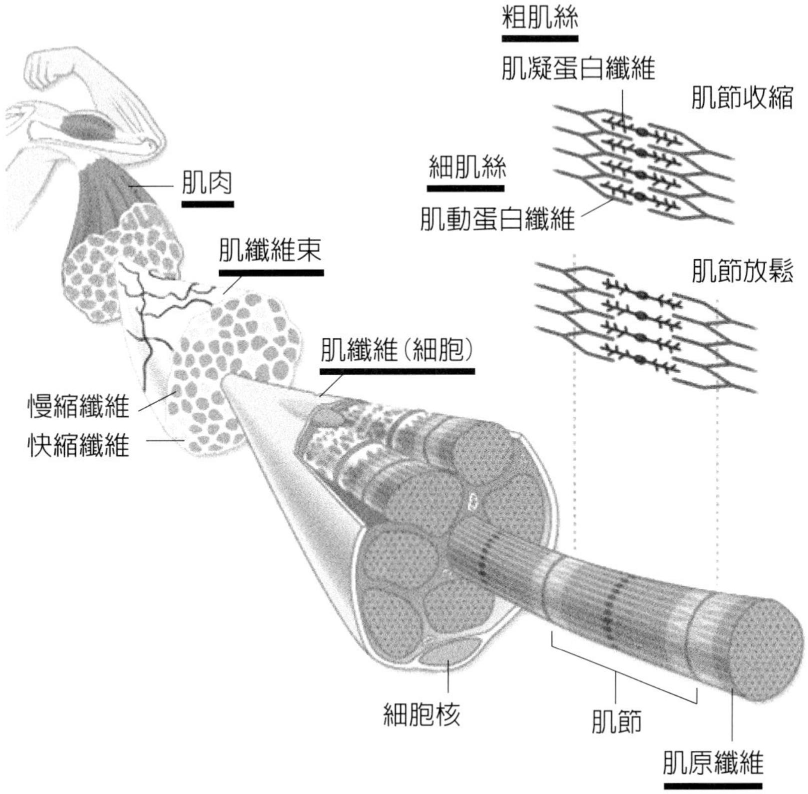

粗肌絲
肌凝蛋白纖維
肌節收縮

細肌絲
肌動蛋白纖維

肌節放鬆

肌肉

肌纖維束

肌纖維（細胞）

慢縮纖維
快縮纖維

細胞核　　　　肌節

肌原纖維

圖7-4　肌肉顯微構造與肌力

三、肌力訓練的必要性

　　運動使骨骼肌反覆牽拉刺激，使肌肉纖維變大，主要因素是適當的運動，使肌細胞內粒腺體增多及肌漿網內蛋白質比例增大，而使肉纖維產生活動性的肥大而增加肉質量。由此可證實運動可增強力量。

四、骨骼肌肉與身體活動

　　骨骼肌肉配合骨骼經由神經系統受意識控制，可以產生隨意運動。肌肉接受到足夠的刺激時，能變短、變粗而收縮，同時也具有伸展的能力，許多骨骼肌肉以相對的方式排列，當相對的一方收縮時，另一方則鬆弛而伸展，而在收縮或伸展後，能恢復其原來的形狀。骨骼肌肉收縮達到運動、維持姿勢與產生熱等三個重要功能，一般日常生活如走路、跑步等動作均利用骨骼、關節及附著在骨骼上的肌肉整合而產生，除了運動外，也能將身體保持在固定的姿勢，如站立及坐著等（沈清良，1997）。

五、骨骼肌肉與骨骼的槓桿作用

骨骼肌施力於肌腱，肌腱再拉動骨骼而產生運動。大部分肌肉至少跨過一個關節，且附著於形成此關節之骨骼上，身體運動是以骨骼當作槓桿，而關節則當作槓桿之支點，一槓桿被阻力以及作用力分作用於兩個不同的點上。阻力為身體上要被移動部位之重量，而肌肉之作用力則施於肌肉遠端之骨骼上而產生運動。槓桿作用是指利用槓桿所獲得之機械利益，它與肌肉之強度及活動之範圍有很大之關係（許樹淵，1997）。

六、骨骼肌肉的協調作用

大部分的運動是由許多骨骼肌成群的協調作用所產生，而非由單獨之肌肉作用所產生，同時大部分之肌肉相對於關節排成一對對作用相反的肌肉對，即屈肌－伸肌、外展肌－內收肌等。以屈曲手肘為例，肱二頭肌是能夠產生意識動作之肌肉，稱為作用肌，在肱二頭肌收縮的同時，肱三頭肌則鬆弛，肱三頭肌在此稱為拮抗肌，拮抗肌之作用與作用肌相反。肱二頭肌並非永遠是作用肌，而肱三頭肌也並非永遠是拮抗肌，例如當伸直手肘時，肱三頭肌為作用肌，而肱二頭肌則為拮抗肌。若作用肌與拮抗肌同時以相同之力量收縮則不會產生運動。

此外，大部分之運動亦涉及具有穩定運動之協同肌，以防止不必要之運動，提高作用肌之效率。例如屈曲手肘時，三角肌及胸大肌當作協同肌，將上臂及肩部固定於適當之位置，以利彎曲手肘動作之進行。有些肌群當作固定肌，可固定作用肌之近端，以增加其作之效率。骨骼肌肉在許多不同之情況及運動方式下，隨時間之不同可當作作用肌、拮抗肌、協同肌或固定肌（沈清良，1997）。

7-4　肌肉收縮的能量來源

一、五個主要化學能源幫助肌肉產生力量

1. 腺嘌呤核苷三磷酸（adenosine triphosphate ATP）是屬於磷酸化合物，直接儲存在肌肉細胞內部的ATP，是很少量的化學能，大約只有2秒的肌肉收縮。
   6秒以下轉化成腺嘌呤核苷二磷酸（ADP）再生ATP屬於無氧過程沒氧分子參與練速度和爆發力

2. 磷酸肌酸（creatine phosphate CP）屬於乳酸系統，在骨骼細胞內以有限的數量供應，當肌肉能量的需求變高時，CP被用來再生成ATP。
   18秒以上屬於無氧沒氧分子參與不需氧，練肌力

3. 肝糖的能量，在運動期間骨骼肌細胞能夠快速無氧醣解肌肉中之肝糖產生ATP。
   2-3分鐘以上屬於無氧運動可分解碳水化合物製造ATP不需氧氣，產生乳酸

4. 葡萄糖的能量，慢速有氧醣解血液中葡萄糖以產生ATP（進入有氧系統需使用氧氣）。
   進入有氧系統需使用氧氣

5. 脂肪的能量，脂肪是骨骼肌用來產生ATP的大量化學能來源。在身體內可以利用的脂肪形式稱為游離脂肪酸，而脂肪儲存的形式為三酸甘油脂，在骨骼肌中只能找到有限的三酸甘油脂，但卻能在身體的脂肪細胞（adipose或fat cell）中找到大量的儲存。
   30分以上有氧運動屬於高效燃燒脂肪的階段

　轉換以上能量需要酶，從下圖（圖 7-5）能量轉化的路徑圖可知，身體有 5 種酶系統製造 ATP 產生肌力，

(1) 水解酶→ (2) 肌酸肌酶→ (3) 快速醣解酶→ (4) 慢速醣解酶→

(5) 游離脂肪酸酶→ (6) 克勞伯環酶→ (7) 電子傳遞鍊等

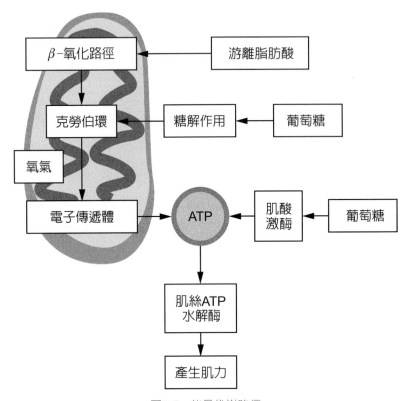

圖7-5　能量代謝路徑

　　由上圖能量代謝路徑，可知我們實施運動的強度與持續時間，會決定哪個路徑提供最多量的 ATP 給肌肉收縮，跑 100 公尺衝刺或練要快速肌收縮力時需 1、2、3 等酶系統；跑馬拉松要耐力則需 4、5、6、7 等酶系統來催化學能產生 ATP 給肌肉收縮。由此也知，當肌肉儲存的肌肝醣不足，運動就無法太劇烈（太出力，或太快速度），動作會被迫中止。所以如果你想要減少脂肪，就要持續練耐力，時間要長，經由外部氧氣進入體內結合血液再到達外部肌肉，提供能源產生肌肉收縮需時較久，因此不能太快速出力或一口氣力用光，那樣會停止反覆性肌肉收縮，而燃燒不到脂肪。反過來說，想要使肌肉有衝力、有速度、有大力氣，就要加強負荷，並短時間完成動作。

7-5　肌力訓練提高肌肉素質同時改變身體體質

一、訓練使肌肉生長

　　增加肌肉量需要足夠的運動強度來刺激，若只是走路或一般休閒活動等之運動強度輕，較難提升肌肉量。肌肉變壯及增強力量最主要原因，出力激活了肌纖維組織，施力當下，使肌組織內肌凝蛋白粗肌絲之橫橋孔張開，而觸繫肌蛋白細肌絲使其釋放 ATP 能量，兩肌絲反覆滑動使肌肉產生縮短循環作用，增加了可縮的蛋白質而增加力量。然，肌肉生長的基本條件爲：

1. 有計畫實施肌力訓練—訓練量、訓練強度、組間休息時間等。
2. 適當營養攝取—碳水化合物、蛋白質、脂肪是人體基本能量元素，有了它們才能使細胞得以修復受損組織，與達到重塑肌肉再建造的可能性。
3. 適當休息恢復—研究顯示，運動當時阻力訓練的每回反覆次數之組間休息時間會引起肌肉不同反應：如：中負荷到較重的訓練量時訓練，組間休息1-2分鐘，比採非常重負荷量訓練3分鐘休息，兩相比較休息時間短方，較能刺激荷爾蒙立即合成肌肉蛋白質效果（Kraemer et al.1990）。而阻力訓練後，應休息24-48小時後再訓練，使肌肉組織休息達修復再生力。

二、肌力訓練同時促進其他生理系統

　　阻力訓練不只增生肌肉，其作用是所產生的新生力量會傳達訊息到人體所有組織系統，使全身細胞活躍（圖 7-6）：

1. 心血管系統：肌肉訓練需要能源產生能量代謝，此刻引發心臟加倍作功，促使心血管系統運送血液到肌肉供給氧氣與營養，並移除二氧化碳。
2. 內分泌系統；產生荷爾蒙，協助力量產出（腎上腺素）及刺激肌肉生長（睪固酮、生長激素、類胰島素生長因子）。
3. 免疫系統：提供訊息以協助組織修復過程。

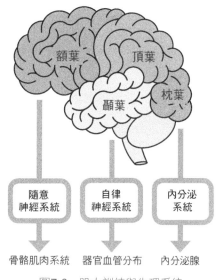

圖7-6　肌力訓練與生理系統

因此，肌纖維增加了新生的力量，促使全身細胞活躍，提升許多生理系統功能（圖 7-7）。

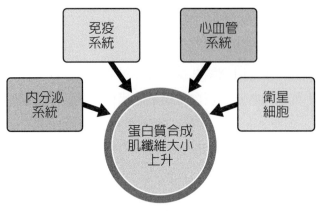

圖7-7　生理系統促進圖

三、衛星細胞（satellite cells）

位於肌肉細胞周圍與幹細胞相似，屬未分化（未活化）細胞（圖 7-8），然，當阻力訓練時會引起荷爾蒙與免疫反應，其作用也促成衛星細胞活化誘發其增生，進行細胞核分化，轉化併入肌纖維並且形成肌肉細胞的一部分。因此肌肉生長時，細胞核數量增加，力量也增加。

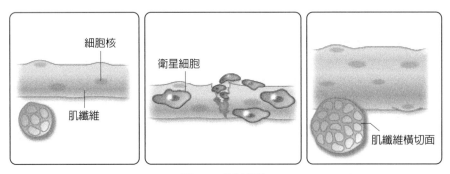

圖7-8　衛星細胞

肌力強體能才能好，總體體能包括：心肺功能（心臟負荷、心肺血管適應力）、肌肉適應力（肌力、肌耐力）、柔軟度、反應時間（速度、敏捷性）平衡、節奏、韻律（反復彈性）等協調整合之運動生理機能，所有體能發展根本在於全身之肌能素質，肌力不練即產生廢退性萎縮問題，肌肉反覆收縮使肌肉有效率展現機械能與化學能，進而促使肌細胞再生與修復後得以強壯有力，運動促進體能除強化肌肉系統外，同時也引發其他呼吸、循環、神經、內分泌等生理系統強健。

第 8 章

運動課程設計

08

　　本章的主題共含三組關鍵詞：運動、課程、設計。其中「運動」呈現主角「課程」的特質，即於此所討論的課程是針對人體身體活動的教學（teaching）或訓練（training）；而「設計」則表示「課程」是非隨興的，必須對其內容與實施程序有所構思與評價，還要兼顧教學者與學習者之間的互動，以達到引導教師（或指導員）達成特定教學成效，及驗證學生（或學員）之學習成果。

8-1　運動課程的定義與內涵

1. 學校裡的體育課：根據周宏室引述Jewett等人之見解，「課程」是透過持久的時間、良好的經驗、服務學生的基礎、設計與建構和實務探索的淬鍊而成的學校運作內容（周宏室，民99）。

2. 學校外的運動課程：現今社會倡導終身學習，個人離開學校，投入工作、甚至退休之後，仍有許多機會加入各種團體或機構，繼續從事在學校裡習得的運動技術，或是學習新的運動概念與技術。

　　體育課程的模式理論若由價值取向（value orientation）角度探討，可區分為學科精熟（disciplinary mastery）、學習過程（learning process）、自我實現（self actualization）、社會重建（social reconstruction）、生態整合（ecological integration）等五大課程取向，而各取向的哲學基礎、基本理念、課程觀點、教學觀點、教師角色、對學習者的期待、評量觀點皆有不同（周宏室，民99）。

　　從課程設計的角度，則可將課程分成運動教育模式（sport education model）、體適能教育模式（fitness education）（圖8-1）、動作分析模式（movement analysis model）、發展模式（developmental model）及個人意義模式（personal meaning model）。其中屬於學科精熟理念者有運動教育模式和體適能教育模式，動作分析模式包含學科精熟與學習過程兩種理論取向，發展模式是以自我實現為教學理念，個人意義模式則屬於生態整合價值取向。

　　身為一位以運動與健康促進為生涯導向者，不論擔任正式的學校課程教師，或學校以外的運動課程的指導者或教練，都應明瞭運動或體育課程的價值取向，以及教學者本身的價值取向，並充分運用不同課程設計模式。

圖8-1　體能課程設計

8-2　運動課程設計之依據

　　設計運動課程內容之初，必須有所依據。基本上，中學以下學校的運動課程即體育課程，皆由政府主管機關訂定相關規範。我國現行的中小學體育課程指導綱領是十二年國民基本教育課程綱要：國民中小學暨普通型高級中等學校健康與體育領域（草案）（國家教育研究院，民 105）。其中明確指出，為因應國小、國中、高中學生身心發展成熟度，將採三個教育階段之漸進式的層次安排，以培養學生之健康與體育領域素養。國小教育階段是奠定學生各項健康與體育領域素養基礎的重要階段；國中教育階段是學生身心、自我概念與人際面臨轉變階段，需提升各面向的相關素養；高中教育階段則應著重提供學生學習銜接、身心發展、生涯準備與定向所需具備之素養，透過邏輯的思考與規劃，以構築各面向均衡發展的健康新國民。

　　而針對美國學生體適能教學所編著之終身體適能教育一書則論及優良的體育課程規劃應包括：

　1. 概述課程的目標；

　2. 應包含的內容範圍；

　3. 特定的課程目標應與國家標準一致；

　4. 應提供檢核每一課程目標中學生進步成果的評量工具（柳家琪、李佳倫、李凌純、朱貞儀，民103）。

　　換句話說，不論中外，依據教育理念而具體落實於各階段學校體育教育所養成之青年，應經歷：

1. 循序漸進地學習各種活動所需之基本概念與技能（國小）；
2. 學習各種可促進其自信、能力及愉悅感之特定運動概念與技能，並探索喜好的體能活動（國中）；
3. 自選幾項體能活動，能熟練之、管理之、解決其問題，並養成終身運動的習慣（高中）（柳家琪、李佳倫、李凌純、朱貞儀，民103）。

　　以上都是中學以下學校體育的課程設計的元素，因其概念完整而具延續性，故在規劃各種中小學體育課以外的運動課程時，可依此評估參與者在運動認知、技能、情意、行為等各方面的狀態，做為此次運動課程規劃的立足點，並據以發展出具有廣泛內容與未來性的課程內容。

8-3　運動課程設計步驟

　　在十二年國民基本教育課程綱要：國民中小學暨普通型高級中等學校健康與體育領域（草案）（國家教育研究院，民105）的第陸項實施要點中，將體育類課程的課程發展、教材編選、教材實施、教學資源與學習評量做出明確指引與操作步驟，提供各級教師運用。雖然這些指引原先是針對國民教育各級教師，但其概念仍非常適合於各種運動課程之設計規畫者參考，資將相關內容摘述如下。

1. 課程發展以循序性、階層性、銜接性、統整性、適量性、多元適性等六大向度為主軸。
   (1) 循序性指關注學生身心健康與體能之發展、體育認知之成長，連結學生過去、現在和未來的學習經驗，持續累積學生健康與體育之知能以因應健康、運動之生活需求。課程規劃時應具順序性由易而難，由簡而繁，逐漸加深、加廣。
   (2) 階層性指應考量各學習階段學生的認知程度、心智發展、生活經驗、技能操作與實踐能力，規劃適合各學習階段學生之課程發展重點及內容。

(3) 衝接性指需加強相關不同運動技能間的水平關係和同類型運動技能間的垂直關係的銜接。

(4) 統整性指應於分科教學時掌握統整原則及內涵。

(5) 適量性指規劃應能均質均量，顧及各學習階段的學習重點與學生學習特質之差異，提供充分的學習時數與適當的課程內涵。

(6) 多元適性指應符合多元適性的理念，提供延伸連貫大學校院健康與體育相關課程。

2. 教材編選必須符合基本理念、課程目標與學習重點，依學生的興趣和能力，配合多元需求來編輯與選用，並提供適齡和適合發展階段的教材內容，培養學生統整與連結健康與體育領域之概念與相關生活經驗的能力。

3. 教學實施方面，教師應於授課前完成教學規劃，並準備教學所需資源及相關事項。在教學策略與方法部分則應依據學生的個別差異，採用多元的學習策略與教學模式，如：樂趣化體育教學、理解式球類教學法、摩斯登（Mosston）教學光譜、運動教育模式、動作教育模式、體適能教育模式、個人與社會責任模式、分站教學等。

4. 教學資源部分包括各種形式的媒材、設備，以及相關人力組織資源等。除了設備更新，還可善用社區運動中心、運動俱樂部的設備器材，以及衛生醫療機構的場域中各項環境與設施，以活化教學，提升教學成效。甚至將學生家長或家屬納入合作夥伴關係，共同關心學生的健康與動態生活習慣的養成，以促進社區對運動促進健康的了解及參與。

5. 學習評量是課程的重要部分，亦需兼顧學生中心與教師引導，其目的不僅用以檢視學習結果，更是建立學習回饋機制，作為反映課程規劃成效之參據，以協助改善教學與促進學習的策略。作為評量學生學習成效的指標。評量的內容須以學習重點為依據，可在教學前、中、後實施，兼顧形成性與總結性評量，並兼顧學生身心個別差異，進行適性彈性的評量。

8-4 終身的運動參與

　　每個人從學校畢業後仍然需要繼續參與在學校學會的運動技能，但現實的成人生活環境經常因為缺乏充裕的時間、空間或夥伴而限制了活躍的生活型態。這些成年人通常在經歷了缺乏運動導致的健康損失，而領悟活躍的生活型態的重要性，才會加入社區的運動健身中心或社團（圖 8-2）。此時運動指導員應依據學員的年齡、性別、基本身心健康狀態、健康體能水準，評估其參與課程的風險。並了解其過去熟悉的運動技能、喜愛的運動型態，以及參與此次課程或活動的動機與期許，經此充分溝通，才能和學員一起規劃出適合其體能與技術條件，且具有明確及合理目標的安全、有趣且具健康促進效益的運動課程。

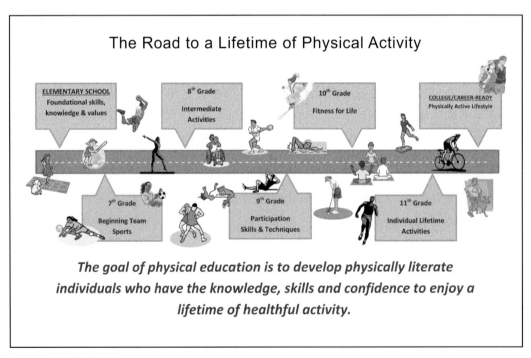

圖8-2　終身運動參與

8-5　課程以外：建立教師 / 教練的個人風格

　　課程是一個程式，需要一個領導人啟動它並且帶領一群人一起執行並完成它。運動課程的指導者在教學現場的操作過程非常不同於其他知識領域的教師，當前者教學時，學生必須即時透過身體操作來反映對於學習的領悟及成果，其學習成效的良莠是相當顯而易見的。是故，運動課程帶給學習者心理的成就感或挫敗感是即時的、難以掩藏的。

　　不論參與運動課程的學員學習各種身體活動的天賦如何，但皆有其自尊心、榮譽感以及自我提升的渴望與期待。所以啟發其對於該項活動之熱情、勇氣、堅持、渴望與耐性是每位指導者的天職。畢竟，所有的人都喜歡能尊敬、關懷與關心他們，並且能引領他們克服失去熱情與勇氣等心理難關的指導者，而不是一位總是將焦點關注在勝利與成就的訓練員。

　　著名的運動心理學家以及運動員發展專家 J. Lynch 所著創意教練學（林正常、李宜芳、溫富雄、邱詩涵、蔡政霖，民 101）一書雖然是為培養具創意的教練，以使得運動員能發揮其最佳運動表現為目的，但他建議運動教練應透過堅持作對的事情來培養謙虛、堅持等品德、有效地溝通、建立互相扶持的氣氛，以及增強凝聚力等方式發展成功的領導品質，仍十分值得所有運動課程指導者於發展個人風格領導之參考運用。

　　而另一運動心理學專家 R. Martens 也在其成功運動教練學（陳文銓、黎俊彥、溫富雄、彭郁芬，民 93）一書中強調教練的成功取決於其採取行動的信念或原則，即其哲學，而非其他因素。其次則是積極運用溝通技巧、增強原則、了解動機等心理學的知能，在通過有效的團隊管理，最終達到三大目標：

　1. 鬥志高昂的運動團隊；
　2. 充滿運動樂趣的團體；
　3. 從運動中獲得身、心與人際關係利益的成員。

NOTE

第 9 章

運動與健康就業市場

　　早期學者將職涯定義爲個人在組織內部的連續發展流程，需依靠在職訓練進行。由於全球化改變了競爭環境及頻繁的人才流動，讓學者開始關注，不同國家之間的社會、文化、經濟對職涯產生的影響，並認爲在工作環境的改變與價值觀、興趣、能力之間的交互影響下，個人追求自我實現的就業經歷即是職涯，不受限於個人經歷與組織結構。時下健康與健身公共意識的增長與相關企業參與崛起，健康和健身行業仍然是世界上增長最快的產業之一。現在也有很多認證資格的健康與鍛鍊專業人力，諸如：團體健身教練、體能教練、專業運動訓練教練、健康生活指導師、運動營養師、體重管理師、瑜伽教練、皮拉提斯教練、青年健身教練、銀髮族健身教練等（圖 9-1）。

圖9-1　全人健康教練

9-1　運動與健康主修科系專業培育宗旨(任務、使命、目的)與目標

　　透過瀏覽國內、外運動與健康相關領域科系之宗旨（任務、使命、目的）與教育目標，可讓讀者了解在廣泛的運動與健康就業市場，所需要培養的本職學能（圖9-2）。國內各校相關領域科系列舉如下：

國立臺灣師範大學體育學系

使命：

　　藉教學、研究與服務，達成傳播、擴展與應用身體活動爲基礎的知識體系，強調培育優質體育與運動相關的專業人員與領導人才。

圖9-2　運動與健康相關領域

目標：

1. 培養身體活動相關的知識與技能，並發展實作經驗。
2. 培養優質的體育運動專業人才。
3. 培養體育運動相關的國際視野與多元領導能力。
4. 透過進階學位課程，精進身體活動研究的知能。

國立體育大學運動保健學系

目的：

　　結合運動科學與保健醫學理念，培養運動保健專業人才，以維護運動員及一般大眾之健康與運動安全。

目標：

1. 培養學生具備運動傷害防護專業知識及實務能力。
2. 培養學生具備體適能與健康促進專業知識及實務能力。
3. 培養學生具備運動保健科學研究理論基礎。

臺北市立大學運動健康科學系

宗旨：

1. 維護全民健康與提升體適能水平：培育運動健身指導專業人才，提升全民健康體系。
2. 承接國家政策照護優秀運動員：培育運動傷害防護專門人才，完備競技支援體系。
3. 運動即良藥做成功老化之推手：培育運動健康科學的研發人才，提振健康照護體系。

目標：

1. 運動健身指導能力。
2. 運動傷害防護能力。
3. 運動健康科學研發能力。

國立台灣體育運動大學體育學系

任務：

　　培育師資之特色及因應時代需求，更傾聽產業界要求的就業能力與態度，以體育教師基本能力養成的基礎架構增修適合學生學習能力的就業學程，進而規劃符合學生就業需求之相關課程。

目標：

1. 培養體育教師及體育行政人才。
2. 培養幼兒及老年體適能指導人才。
3. 培養運動健身指導人才。
4. 培養運動藝術指導及表演人才。

國立台灣體育運動大學運動健康科學學系

宗旨：

　　配合國家政策，培育優秀運動康科學相關專業人才，推動運動健康科學研究，建立理論與實務模式，增進國民健康。

目標：

1. 具備運動健康學科能力。
2. 具備各類運動健康知識分析、示範、講解及教學能力。
3. 具備運動健康科學理論應用及整合能力。
4. 具備運動健康科學相關產業規劃及管理職能能力。
5. 具備運動健康科學學術研究能力。
6. 具備專業及職場倫理道德能力。
7. 具備運動健康產業創新與職場職能力。

天主教輔仁大學體育學系

目的：

　　在於培養優質體育專業人力，以奠定我國體育運動發展之基礎（教學方面）；提供完善之學術研究環境，增進體育學術研究成果之質與量（研究方面）；以及落實學以致用、服務人群之理念，增進與社區良好之互動關係（服務方面）。

目標：

1. 體育學組：以培養各級學校體育教師、體育運動指導員、體育運動推廣人員及運動科學研究人員為主要方向，除延續傳統體育課程之目標外，更將透過各學科領域科目內容之加強及增進與術科之密切配合等方式，發展出學、術並重，文武兼修之課程特色。

2. 運動競技組：以培育優秀運動選手、各級學校運動教練和運動指導員為方向。以學生既有的運動能力為根基，強化其對專長運動的領略和精熟，以及自我潛能的開發，並充實其體育教學與運動指導、訓練的基礎知識和技能。

3. 運動健康管理組：以健康相關知識，以及運動健康事業經營學理和實務經驗的教學為主軸，以培養健康生活指導規劃人員、運動健康事業經營人員、以及運動健康學理與制度研發人員為重點。除加強學生對於身體活動與健康之相關性的認知外，將培養其透過身體活動以促進人類健康過程中，組織決策、任務執行、成果改進與活動推展的各種學識技能。

中國文化大學體育學系

宗旨：

　　培養體育學術研究人才、優秀運動教練、各級學校體育師資以及體育行政人才。近年來隨著時代與社會環境的改變，則以培養優秀專業教師、運動員、運動指導員及運動企管人才為目標。

中國文化大學技擊運動暨國術學系

目標：

1. 培育技擊運動專業人才。
2. 培育體育行政暨維安人才。
3. 培育國術專業人才。
4. 培育運動防護暨民俗調理人才。

中國文化大學運動與健康促進學系

任務：

　　培養學生，投入全球「運動健康促進產業」。協助各領域進行跨領域運動創意產業與健康教育工作，協助認知選擇健康生活型態的重要和落實健康促進的具體方法。就讀本系的學生，需達到初階運動與健康促進專業認證的素養，以爲投身健康促進產業職能所需準備。爲了達成上述的能力，學生必須完成健康相關課程、教學指導相關課程和健康促進相關設備與器材操作課程，以符合業界的專業需求與競爭。運動與健康促進學系的主要學習目標爲瞭解動態生活型態、全適能、體能、健康休閒活動、健康促進、健康資訊雲端網絡、疾病預防服務與輔助科技器具研發實務。 運動與健康促進學系學士班課程，主要在培訓學生在進入社區健康促進和運動健康活動相關職涯，所必需的能力。致力於奠定學術地位，課程以整體、整合和多學科方式傳輸；所學新技能應用在體驗學習、建教合作和實習課程時的機會，以連結學生心智教育。課程範疇包括身體活動基礎概論、運動科學、身體活動 / 運動測驗與測量、運動處方與計畫、特殊人群之身體活動與運動處方、病患之身體活動與運動處方、身體活動與運動促進和運動科技研發與發展。

目標：

1. 培養學生，投入全球「運動與健康促進產業」的能力。
2. 培養學生，協助各領域進行跨領域運動創意產業與健康教育工作的能力。
3. 培養學生，協助民衆認知選擇健康生活型態的重要和落實健康促進的具體方法的能力。

　　國外各校相關領域科系列舉如下：

英國羅浮堡大學（Loughborough University）運動科學（Sport and Exercise Science）學士學位學程

目的：

　　經由廣泛的專業訓練，發展運動科學知識，應用知識與理解於運動表現、身體活動、健康與福祉等領域。

目標：

　1. 發展實務的、科學的和實驗室的技能。

　2. 使能夠應用專業知識到運動競技、運動健康及其延伸領域。

澳洲雪梨大學（Loughborough University）健康與體育（Health and Physical Education）學士學位學程

目的：

　　培養運動、健康、動作科學熱衷人士，提供個人發展、健康、體育獨特經驗與教學能力。

目標：

　1. 服務學習與社區參與。

　2. 教育、健康、運動組織實做學習。

　3. 專業經驗定位。

加拿大英國哥倫比亞大學（University of British Columbia）健康促進（Health Promotion）學士學位學程

目的：

　　聚焦於人類動力學，學習個人及社區動態生活和生活型態管理的概念，具備提供人群健康促進中所需的營養、運動課程及非正式活動的專業服務。

目標：

　1. 培養健康促進課程主管能力。

　2. 培養健康照護諮商師能力。

　3. 培養公司行號健康課程設計師能力。

　4. 培養健康教師能力。

　5. 培養健康生活型態教練能力。

　6. 培養動態生活工作協調員能力。

美國賓州州立大學（Pennsylvania State University）休閒、公園暨旅遊管理（Recreation, Park, and Tourism Management）學士學位學程

　　聚焦於公立或私立公園系統、自然環境中心、休閒度假中心、大學休閒運動中心或運動俱樂部管理或行政專業（圖9-3）。

目標：

1. 培養商業和社區休閒管理人才。
2. 高爾夫俱樂部管理人才。
3. 戶外休閒管理人才。

圖9-3　運動與健康相關延伸領域

9-2　運動與健康就業市場趨勢

　　就業市場意涵，是指在某一地區、某一時間下，勞動需求者願意以某一價格的水準購買多少勞動，以及勞動供應者願意以某一價格水準提供某一數量的勞動所形成之市場活動。隨著運動和健康產業不斷發展壯大，運動與健康科學已迅速成為一個非常受歡迎的學位課程，它可用於各種不同行業，是多才多藝學位很好的選擇。運動管理課程，利用學習過程中，培養畢業生在運動俱樂部和運動相關組織內處理業務和管理的技能。運動心理諮商和康復理療往往需要額外的認證資格，但在這些就業市場中的角色也是運動與健康科學畢業生的熱門選擇。對於那些對教學有興趣者，體育教育可能是一個不錯的選擇，職業生涯路徑還有更多的角色，從教學到成為一個私人教練指導客戶和學校場域中的兒童。

　　在當今注重健康的世界，運動營養學家也有至關重要的作用，協助運動員保持在巔峰狀態，使運動表現有所發揮，這是運動與健康科學畢業生另一種可能的職業路徑。很多大學畢業生進入作為體育教師、運動教練、健身教練和私人教練的職業生涯，運動與健康科學課程讓畢業生適應眾多的就業市場角色。大學畢業生可以選擇繼續他們的教育和培訓，超出本科層次的畢業生可以專注並成為運動營養學家、康復理療師、運動心理諮商師和研究的運動科學家，以及大量的其他角色。

　　運動與健康科學課程畢業生從事行業職稱，列舉如下：中等體育教師、研究人員、公務人員、非營利事業組織體育運動休閒相關之主管、企畫行銷人員、運動健康相關指導人員、體適能中心管理人員、運動休閒指導工作室管理人員、幼兒及老年體能工作室管理人員、幼兒學校體能教練、俱樂部公司運動健身指導、體適能中心運動健身指導、運動休閒指導工作室運動健身指導、救生員、各類項目教練、健身運動指導員、運動產業行政人員與銷售人員、參與性運動休閒與健康促進服務業相關職務、運動休閒與健康促進專業證照服務業相關職務、運動休閒與健康促進管理服務產業相關職務、運動休閒與健康促進旅遊業相關職務、運動休閒與健康促進促銷服務業相關職務等（圖 9-4）。

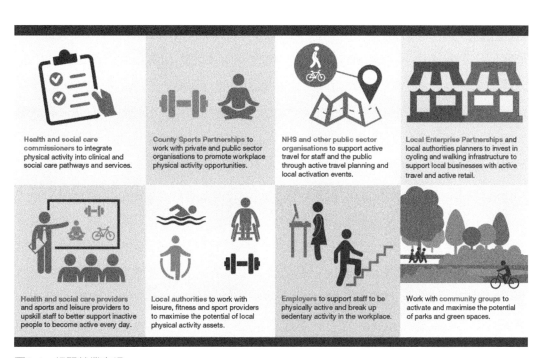

圖9-4　相關就業市場

9-3　運動與健康職涯專業證照

　　運動健康促進專業認證機構在國外的發展是相當成熟的，但是在中國大陸和台灣地區相對來講是比較滯後，專業認證的發展和經濟、科技、體制等各方面的區別應有所關聯。本小節將聚焦在國際上五個重要的運動與健康相關組織，分別為：美國運動醫學會（ACSM）、美國體能訓練協會（NSCA）、美國國家運動醫學會（NASM）、美國運動委員會（ACE）、國際體育科學協會（ISSA），作介紹。

一、美國運動醫學會（ACSM - American College of Sports Medicine）

　　ACSM 是一家專業運動醫學行業協會，它成立於 1954 年，在超過 75 個國家中擁有 20000 多名會員。ACSM 旨在致力於通過它在運動科學、體育教育和醫學領域先進的科學成果為人類健康鋪路。「Exercise is medicine!（運動是良藥）」是 ACSM 的核心理念。ACSM 的工作任務：促進和融合了運動醫學的科學研究，教育和實踐，從而保持和提高人體肢體活動的表現、健康和生活質量。ACSM 自成立伊始，就利用它在運動科學方面的領先專業知識，促進和改善全世界的人們更加健康的生活方式。在 1984 年，其總部即國家中心（NC）搬遷至美國印第安納波利州首府斯印第安納市。通過 ACSM 遍及全球會員的多元性和專業性研究，使 ACSM 成為了全世界最大、最受人尊重的運動醫學和鍛練科學權威組織。從太空人和運動員到患有慢性疾病或肢體有問題的人，ACSM 持續尋求和找尋更好的方法，從而讓人們可以活得更長久，更加有奉獻價值。只有健康的人才能創造更加健康的社會。ACSM 是被世界公認為在運動醫學、體適能訓練、運動損傷與康復、特殊人群訓練、健康關愛等領域中的行業權威。ACSM 傳授的是權威、專業的運動科學知識，它是健康運動乃至體育產業中運動科學的航向標。ACSM 是世界上第一個職業認證健康健身專家的機構，它建立了所有其他健康培訓機構用來做測試等所使用的鍛練方針和運動處方依據。因此，它是健康、健身行業內設立標準的組織，也是行業的知識源。ACSM 的認證都經過 NCCA（美國國家質檢委員會）授權，從而保證了它的最高品質。ACSM 具有在運動與醫學、運動損傷與康復領域權威性的認證。ACSM 完善的持續的教育和培訓體系可以賜予認證教練訓練各類特殊人群的能力。到目前為止，ACSM 已經在 44 個國家認證了超過 2 萬 5 千名健康健身專家。

二、美國國家體能協會（NSCA - National Strength and Conditioning Association）

NSCA 是 NCAA 首批授權的機構。該協會成立於 1978 年，是全球體適能領域中最具權威的專業組織，現有會員近 30000 名。其頒發的資格證書得到了全球 54 個國家的認可。NSCA 的會員來自於運動、醫療領域的專家，包括醫生、大學教授、科研人員、運動學專家、康復治療師、運動訓練師等。NSCA 的宗旨是研發和運用最有效和適當的訓練方法，不斷完善和提高體適能的專業水平，以長期保持在世界體適能領域的領先地位。私人教練認證開始於 1993 年，該協會區別於其他私教培訓認證機構，其考試內容包括很多特殊人群的運動處方（兒童、孕婦、老年人）、亞健康人群（高血脂、高血壓、糖尿病）的運動處方等等。

三、美國國家運動醫學會（NASM - National Academy of Sports Medicine）

成立於 1987 年，目前擁有超過 10 萬名會員，其私人教練認證也被廣泛認可。課程（包含考試）的費用在 600-800 美元之間，取決於所選的課程套餐。在線上教育這一塊，提供了很多自由的策略的組合，其中大體上有 9 周的在線課程、學習指導、閃存卡、互動討論問題及一天的現場研討會，每個學員根據自己的實際情況進行選擇。

四、美國運動委員會（ACE - American Council on Exercise）

美國運動委員會（ACE）成立於 1985 年，總部位於聖地亞哥。協會的目的在於為所有健身教練提供最理想與最正確的運動知識，包含了專業的培訓課程以及認證考試。目前在全球各個國家已經有超過 50000 名以上的健身教練持有超過 53000 張的 ACE 證書。ACE 是全美最明顯和最有影響力的高等教育協會。代表美國政府認可學位授予機構，其中包括兩年和四年制學院、私立和公立大學和非營利性和營利性實體的總和。ACE 的優勢在於擁有忠誠和多樣化的 1800 多名成員機構，其中 95% 已經與 ACE 超過 10 年以上的合作基地。ACE 始終站在聯邦政策辯論高等教育關鍵領域的中央。因為高等教育協會和機構召集人的角色，ACE 是高等教育界能夠說話影響機構和學生的重要渠道。ACE 爲一非營利性的健身體適能組織，在所有培訓課程內的所有研究報告，皆委託第三方的運動學術單位進行，以取得最中立與最客觀的結果。同時，ACE 將大部分的收入所得用於更新的運動科學研究以及相關的慈善事業。因此，在 ACE 之下的所有專業證書均得到了美國政府規範國內所有職業證書的「國家執照事務委員會（NCCA）」認可，爲全世界所有健身證書中少數幾個被 NCCA 認可的組織之一。

　　同時在 ACE 學員可以自由選擇適合自己的需要的資源，無論是在私人教練手冊集、運動科學要點或掌握手冊，ACE 基本上都可以滿足。他們還提供一些在線課程，包括考試復習和實踐的檢驗，這將幫助學員準備考試。你可以從 ACE 網上資源中心，對於一些特定主題的問題和一些練習題，學員可以和他的研究輔導員進行交流；或者可以撥打它們的免費電話，進行進一步的諮詢和尋求幫助。

五、國際體育科學協會（ISSA - International Sports Sciences Association）

　　1988 年，爲了提高當時美國的健身行業標準，一些知名的科研人員、運動教練、體育醫學專家和體育健身科學教授商討決定成立國際運動科學協會（ISSA），目的就是爲當時的美國健康和健身行業提供標準化。從此，國際運動科學協會（ISSA）是健身領域的先驅者，ISSA 現在已經被健身行業公認爲「健身認證的國際品牌」，到目前爲止，超過十萬教練獲得認證資格，超過二十萬學員註冊並學習相關課程，他們是來自世界各地的健身教練、物理治療師、職業治療師、體育教練和健身健康諮詢師。ISSA 的創始人同樣也是美國國家隊顧問教授，體育訓練專業的博士學位，並具有豐富的教學背景和實踐經驗。ISSA 作爲健身行業的教育機構，爲健身教練、運動教練、有氧教練和運動醫學人員提供培訓和認證。ISSA 建立了訓練評估、營養計劃、健身指導、體育醫學實踐和損傷恢復性訓練新的標準。認證證書已經無可質疑的被全球的健身行業得到認可，ISSA 的課程也被國際上眾多大學和學院使用，並承認爲專業學。國際運動科學協會的認證教練在體育、健康和健身專業的水準，對當今的健康和健身行業起著十分重要的作用。教練每天都在使用 ISSA 的科學健身理論和訓練方法，幫助他們的會員或顧客合理的改善健康的綜合水平以及健身能力，並有效的改變顧客的非健康狀態以及不正確的健身訓練技能及方式。經過十幾年的努力，首要的使命是：提高健身行業的水準。現在的目標是：為教練不間斷的提供高質量水準的認證教育以及相關的繼續教育。作為當今國際健身教育行業的先驅者，誠心的為那些願意幫助他人健康和追求高質量生活的教練提高學習、交流、實踐和工作的機會（圖 9-5）。

圖9-5　職涯專業證照

9-4　結語

　　運動與健康產業在市場發展中，一直佔有重要的位置。體育運動是健康促進必不可少的一部分。根據國際健康、網球及體育俱樂部協會信息，在過去的幾十年，健身一直是一個增長行業，2011 年美國健身俱樂部行業的收入達到 214 億美元，為會員累計達到 5140 萬。這些數據也表明人們越來越重視自身健康，並且在追求運動所帶來的健康。美國著名經濟學家，保羅‧皮爾澤，在其著作《財富第五波》中，將健康產業稱為繼第四波網路革命後的明日之星，認為目前尚未普及的保健產業將為美國下一個 10 年創造兆億美元的商機。運動健康促進課程服務流程是一種運動安全與運動效果組織體，流程化呈現局部的概念知識及概念知識之間的關係。運動與健康科學課程，提供運動健康產業所需專業人才，本職學能的養成。

NOTE

第 10 章

科技與運動健康

10

10-1　前言（Foreword）

　　一場智慧城市的新改變即將發生在你我所處的社區嗎？對 ICT（Information and Communication Technology，簡稱 ICT）業者來說，當個人電腦、手機通信等市場已趨成熟的此刻，應用萬千的智慧城市絕對是下一個最能帶動成長的「殺手級應用」；而對政府而言，全球各大城市才要開始利用科技來讓城市變貌、讓居民生活更便利（伍芬婕，2016）。2016 年許多科技不斷突破，從 Google 人工智慧圍棋程式 AlphaGo 擊敗棋王，到任天堂發表的「寶可夢 Go」與韓國自拍 APP「SNOW」的臉部濾鏡使用擴增實境（Augmented Reality）技術席捲全球，我們的生活正劇烈且迅速地被各種竄起的新技術和概念大幅改變，2017 年這個現象只會更加明顯。無論是人工智慧、機器學習，或是虛擬實境、擴增實境，甚至是我們似乎已經習以為常的雲端服務，都將影響我們的個人生活和產業的商業管理，我們的現況將越來越「未來化」（藍凱柔，2017）。然而科技不是打造智慧城市的唯一關鍵，更重要的是能吸引民眾參與智慧城市的發展和應用，相關應用要貼近民眾的需求才是真正的智慧生活（楊晨欣，2013）。要落實健康產業轉型策略與掌握智慧城市的發展關鍵，必須要有宏觀視野與跨領域合作的模式，「博而精」、「精而深」之「轉型推手」團隊，更要從人文社會、產業需求、策略規劃、關鍵技術、創新製造、智慧設計、雲端服務、火紅行銷、少子化與老化等務實議題，建立出智慧城市與健康產業發展生態圈，充實智慧健康產業轉型各種專業人才，才會有機會參與全球的智慧雲端發展盛事。

10-2　健康社會決定因素（The social determinants of health）

　　一項在英國地區，針對超過兩千名的成年人進行相關調查，訪查個人生命中最重要的五件事情的排序，前兩名分別為「自己的健康」與「重要他人的健康」最受到重視，顯示出健康的重要性（Bowling,1995）。依據世界衛生組織（WHO）的定義，健康並非只是單純的沒有疾病而已，還包括在生理、心理、社會層面都有良好的適應與安適（Well-being）（WHO, 1948）。儘管多年來積累了許多關於人文社會發展的主要原因和表現的證據，但如何以良好的公共政策與健康社會的全面發展，來解決這些複雜的社會結構，達到健康城市的願景，一直是一個棘手的問題。

　　主要的結構性因素除了能夠充分的完成決策、跨領域執行與落實在地文化、經濟環境因素接軌有深度關鍵因素之外，思考健康社會決定因素（The social determinants of health/SDH）正成為許多國家決策者的關注焦點。Dahlgren 和 Whitehead（1991）的政策彩虹（Policy Rainbow），其描述了對個人健康潛力的影響層次（圖 10-1）。這些因素為固定的（核心不可修改的因素），如年齡、性別和遺傳，以及一系列潛在的可修正因素，表現為一系列的影響層次，包括個人生活方式、身體和社會環境和更廣泛的社會經濟、文化和環境條件。這個框架可以協助研究人員構建關於健康決定因素的一系列假設，探討這些決定因素對不同健康結果和各種決定因素之間的相互作用的相對影響。

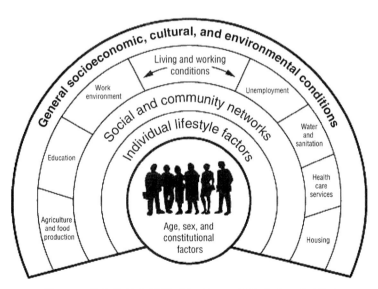

圖10-1　健康的社會模型（Dahlgren & Whitehead, 1991

10-3　社會生態模型（Socio-ecological model）

　　社會生態學理論（Bronfenbrenner, 1979、1992、1997）重點為發展的個體、環境、人與環境的互動，而 1986 年則擴展到家庭及個人。尤其健康的特性包括：第一部分，除了消極減少疾病外，還有積極地提升健康與安適。個人的發展來自個體與環境的互動，在互動過程不只在同一層環境系統中，而是多層環境系統中交互形成的，其中尤其強調行為會受到社會系統、公共政策及物理環境等因素所影響。一個人並不是沒有疾病就算得上是健康，還需要有體力、健康的心理能力與良好的社會文化適應能力。第二部分，必須包含客觀的功能評量與主觀的感受，在客觀的疾病徵兆方面，有如高血壓代表個人血管的壓力變化趨勢；而在主觀的症狀感受方面，則如疼痛或是不舒服等狀態（Kazarian & Evans, 2001）。第三部分，健康包含許多層面，除了身體的健康外，還有心理層面的幸福快樂、社會層面的良好人際關係（Sajid, Tonsi, & Baig, 2008）。藉由社會生態模型（圖 10-2）更可以理解其整個健康結構。

Sovisal-Ecological Model

圖10-2　社會生態模型（ McLeroy, Bibeau , Steckler , Glanz ,1988 ）

10-4　健康促進之社會決定因子架構（The social determinants of health /SDH）

　　「組織與社區」的因素也會影響個體的行為，包括經濟、社會資源或各種設施的便利性與可及性。針對這層因素的介入，涉及組織改變、資源分布與政策制訂。例如企業對於工作時數的限制，以避免過勞死；國家健康政策對於高死亡率的疾病或是抽菸、吃檳榔等不良習慣，進行篩檢或是提高稅賦（McLeroy et al., 1988）。改變系統的特性，有時更能改變個體的行為（Sampson, Raudenbush, & Earls, 1997）。生態系統強調個體是生活在社會環境與脈絡中，因此各個層級的因素是彼此互相影響（interdependent）、交互作用。這樣的作用是動態變化，最後影響個體的健康。在辨認每個層級的重要因子，並提供多專業與多層級的介入（multidisciplinary and multilevel interventions），方能夠對於健康達到最有效地提升（Grzywacz & Fuqua, 2000）。Schulz 及 Northridge 根據生態系統提出影響健康的社會決定因子（social determinants）架構（改編自 Schulz & Northridge, 2004、范聖育，2014）（圖 10-3）。

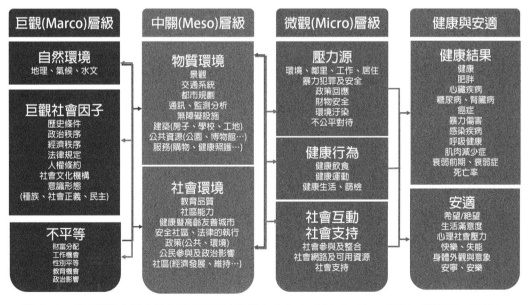

圖 10-3　健康促進之社會決定因子架構（改編自 Schulz & Northridge, 2004、范聖育，2014）

該架構的結果爲健康狀態與安適程度，前者爲是否有特定疾病與死亡率，後者包括生活滿意度、心理社會壓力與快樂等主觀結果。健康的結果會受到巨觀、中觀、微觀三層級因素的交互作用所影響。巨觀層級包括自然環境、社會文化因子；以及社會中財富分配、工作機會、教育機會與政治影響等可能會造成不平等的因子。中觀層級包括物質環境與社會環境。物質環境有各式公共服務與都市、建築、交通等；社會環境則有經濟、法規、政策、教育、政治參與。微觀層級包括所面臨的壓力源、健康行爲，以及社會互動網絡與社會支持（范聖育，2014）。

10-5　健康與智慧城市(Health & Smart City)

邁向智慧地球，必須先建立永續城市。過去人類歷史的發展中，城市是個最古老和最重要的服務體系，提供人們居住環境、就業機會，建構維持社會安定的律法制度等，城市聰明了，才有機會打造「智慧地球」。IBM 的「智慧地球」計畫有許多專案是以城市爲核心，如智慧型教育、智慧型醫療保健、智慧型水資源與能源使用、智慧型交通運輸，以及智慧型治理等。智慧城市是物聯網的重要應用場域、物聯網是實現智慧城市的重要基礎。所謂的「智慧」就是透過新一代的資訊科技，例如：物聯網、雲端運算、移動互聯網、智慧型終端等，應用到城市中的電力系統、自來水系統、交通系統、建築物和油氣管道、工廠、辦公室及居家生活等生產或生活系統的各種物件中，將我們的感知與所有的設備系統能形成經濟、有效的互動，讓人們可以有更好的工作效率及生活品質。利用 ICT 技術強化公共市政服務，不僅可以提升政府效能，更可以讓民眾享有更美好的生活品質，因而各國政府都將建設智慧城市視爲提升城市競爭力的重要指標。

讓所有物品連上網路，針對個人、社區、職場、在地環境「全面感知」、進行「可靠傳遞」、進行各種「智慧處理」創造加值服務，藉由智慧家庭、智慧醫療、智慧交通、智慧節能、智慧零售、智慧農場（智慧屋頂農場）及智慧服務等各種應用，給民眾帶來更便利的智慧生活。根據市場產業研究機構 IDC 研究，2014 年全球物聯網的市值將達 6,558 億美元，未來隨著愈來愈多的裝置與物件可以連接網路，相關服務可望大幅成長，至 2020 年物聯網全球市場價值將可達 1.7 兆美元，年複合成長率達 16.9%。IDC 預計，到 2020 年全球物聯網終端（包含：汽車、智慧冰箱、智慧電燈、智慧鎖等物聯網內的一切上網設備）數量，將從 2014 年的 1,030 萬個成長至 2950 萬個以上。設備、連接與 IT 服務將構成全球物聯網市場的主要市場，將囊括高達三分之二的物聯網市場佔有率。至於比例最高的則是設備，預估就將佔據整個市場總規模的 31.8%。以地區別來看，IDC 預計到 2020 年亞太地區物聯網市場營收，將佔全球的市場佔有率達 51.2%，雖然比起 2014 年的 58.3% 市場佔有率有所下降，但是仍是全球第一的區域。主要原因在於中國大陸之行動裝置用戶數不斷增多，以及政府為了提高製造業效率而進行的一連串措施，使得其大量刺激新裝置和物聯網標準的出現。至於韓國和新加坡等網路較為普及的國家，則將加快發展智慧城市的建設，進而強化物聯網的未來發展機會。至於北美地區，從 2014 年至 2020 年物聯網市場佔有率，一直維持在略高於 26% 的水準，變動不會太大，而西歐市場佔有率將從 2014 年的 12% 增至 19.5% 左右。目前物聯網龐大的市場與商機，似乎已經成為眾多廠商趨之若鶩的趨勢，包含蘋果、谷歌、英特爾、思科、三星電子、高通等科技大廠，甚至 Vodafone、Verizon、AT&T 等電信業的龍頭公司，都開始於近一至兩年大手筆的壓寶在智慧家庭的相關項目之上（財團法人國家實驗研究院科技政策研究與資訊中心，2015）。

10-6　全球人口高齡化趨勢，強化智慧照護需求（Global trends in population ageing, Wisdom Health Care）

隨著二次世界大戰後的嬰兒潮族群邁入老年期，許多先進國家的老年人口比率急遽增長。人口老化是世界各國共同面臨人口變遷時所產生的問題，根據聯合國人口部門（United Nations Population Division）的推估結果，2016 年推計約為 74 億人，2038 年將達到 90 億人，2056 年預計將超過 100 億人（圖10-4）。

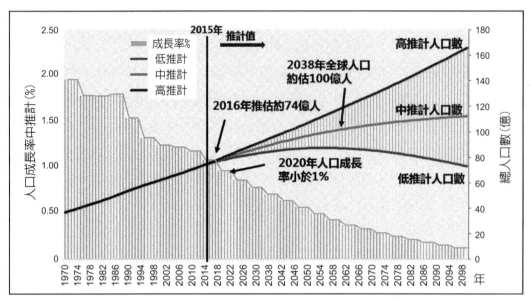

圖 10-4　全球人口總數推估（整理自聯合國 UN / World Population Prospects: The 2015 Revision）

　　台灣老化現象相較其他發展中區域的國家來的嚴重，台灣在 1993 年進入老齡化的社會，推計 2018 年邁入高齡社會，2025 年將進入超高齡社會。再加上少子化的衝擊，造成 2061 年每四位當中便有一位國人超過 65 歲，而此 4 位中則有一位是85 歲以上超高齡老人，相較其他發展中區域的國家提早將近 25 至 30 年面對高齡化社會的問題。台灣青壯年的扶養壓力日趨沉重，扶養比在 2013 年最低約每 100名青壯年需負擔 35 位依賴人口（包含幼年與老年人口）（圖 10-5）。我國的扶老比高於其他國家，至 2061 年將降為每 1.2 名青壯年負擔 1 名老人。未來造成人口負成長，長期會造成青壯年的工作人力不足，同時台灣也有嚴重的老年照護問題。

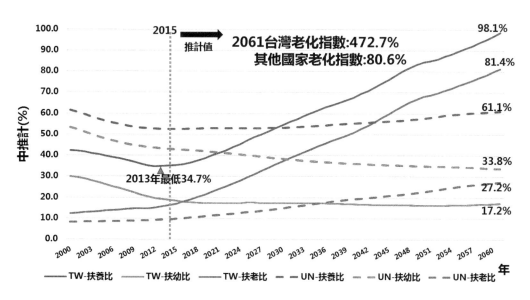

圖10-5　台灣與發展中區域國家的扶養比、扶幼比、扶老比與老化指數推估
（整理自聯合國 UN / World Population Prospects: The 2015 Revision 與國發會統計資料）

　　隨著 IOT、ICT 產業的發展，智慧病房、智能照護與行動護理站等提升院內的照護品質與減少病人住院時間等優勢；同時為提升病人滿意度、服務效率及醫療照顧。在社區中高齡長者可以藉由手機 App、居家互聯系統，獲得更多的服務，如線上掛號、門診預約、生理數據、院內最新消息、衛教資訊、用藥說明甚至是手術通知等。可預期更多類型的醫療、照護服務，將提供高齡人口更全面的照護。建構以智慧照護、預防醫學為主的服務模式，將技術與醫療結合輸出，將可大量提高台灣在國際的競爭力。技術服務包含 eHealth、TeleHealth、Telemedicine、Telesurgery、mHealth 或 Home Healthcare…，這特點是將醫療體系、社區據點為中心的服務模式，延伸至社區及家庭中，提供分散式的服務模式。基於無線通訊的優勢，不受地形地物的限制，將照護服務延伸到偏鄉地區，解決高齡照護資源不足的部分，達到全天候的照護（care 24x7）與家人、長者為中心的照護環境。然而，目前的市場技術仍處於平台研發，如上述的 app 開發、初級資料提供等，利用大數據分析提供高齡長者個人化資訊的能力仍不足。遠距照護仍處於被動生理資訊收集階段，無法提供即時與多元的主動健康管理機制。實現遠距手術的願景仍然遙遠，主要需要高傳輸率、低延遲與高可靠性的通訊系統支援，智慧城市的發展將逐漸實現此願景。

10-7 智慧健康城市的建構策略(Management and Strategy of Health & Smart City)

「轉型推手」要有策略目標訂定與策略推動兩大核心能力，方能有序達成（Lee, 2013）。智慧健康城市的建構策略，必須因應產業需求與社會需求而設，可由「策略規劃」（Strategy Planning）與「目標實現」（Strategy Implementation）兩大進程思考。「策略規劃」可細分為「可行性評估」（Strategy Formulation）與「計畫實施」；「目標實現」則可分為「作業規劃」（Operative Planning）與「監控評估」（Monitoring & Evaluation）等子進程。在智慧健康城市的建構策略實踐過程中，必須隨時考量：

1. 策略方法標準化與一貫性（Standardization）
2. 實施計畫模組化與彈性化 （Modulation）
3. 透過資通訊系統與實施計畫目的適配（Business & I/T Alignment）
4. 各項作為與轉型策略適配等（Strategy Fit）（Lee, 2013）

　　智慧雲端的建構策略、健康城市轉型策略思考與實踐，是一種結構化思維（Structure Thinking），在面對健康與醫療產業轉型錯綜複雜因子，能從多個構面進行思考，使目標清晰；深刻分析推敲導致問題出現原因，進而有系統地制定行動方案，具體評估實現目標所需資源；訂定各部門與不同領域間，能就現有資源可達成之具體方法，採取恰當、由廣而深之高績效手段（Lee, 2013），落實各項智慧科技與健康城市攜手轉型策略目標。

10-8 結論(Conclusion)

　　依據 WHO 健康城市、高齡友善城市、社區安全三大架構建議，整合智慧雲端產業能量，加速應用技術開發與產業人才培訓，規劃國際實務推動議題，滿足政府端、產業端與學術端之需求，打造因地制宜的智慧健康城市運作方案，其規劃概念可以（智慧健康城市鍵結平台架構）（圖 10-6）所示。藉此提供＜產、官、學、研、民＞在運動、飲食、生活、職場的健康訊息與技術開發交換中心，進行跨局處健康訊息收集彙整，媒合各種產業明瞭健康雲端建置標準，統合不同雲端系統，邁向整合型雲端服務平台，達成「智慧健康城市鍵結平台」功能與目標，滿足實務端與研究端「雙管服務」標準，與產業界、學界及法人機構合作方向與規劃比重。建構出<產、官、學、研、民>在「智慧健康城市鍵結平台」的實務整合能力，解決因財力、人力、物力、創新能力…等問題，開創一項創新整合型業務發展，為全方位生活系統、多功能服務設計、行動裝置、巨量分析、多功能感測網絡元件、雲端機構與資訊基礎建設，能夠與技術端、供應端、服務端、使用端、管理端、學術端、政府端…等，在「智慧健康城市鍵結平台」架構中，存取遠端的各種不同種類的資料，進而達到「自我健康治理」、「家族 / 群組 / 據點 / 學校 / 醫院健康管理」、「高度關懷對象 / 生命跡象 / 定位追蹤」…等創新社會服務整合目標，才能逐步達成智慧健康城市的產業轉型目標。

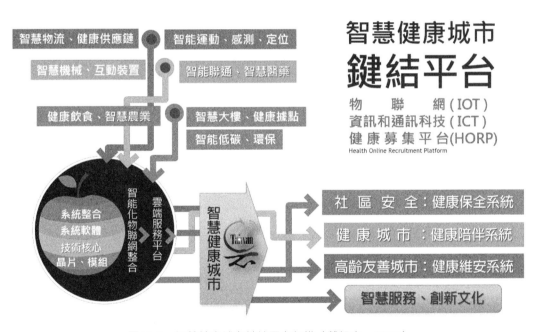

圖10-6　智慧健康城市鍵結平台架構（戴旭志，2017）

NOTE

第 11 章

運動安全

　　運動的本質是鍛練健康及強壯的身體，然而運動中卻又帶有危險的因子，即所謂的運動傷害。根據多方面的文獻探討運動傷害在各項運動中出現的比例都有越來越增長的趨勢。除此之外，確實也有許多不可避免的發生現象存在於訓練與比賽當中，造成不等程度的運動傷害，因此我們必須找出造成運動傷害的原因，並提出解決降低的方法，避免及降低從事運動中所產生的傷害。

　　預防勝於治療，這是眾所周知的，我們在面對運動安全的同時，如何具備正確適當的方法及態度，在本章的各節中提供論述及解釋，使讀者明確了解問題及正確的模式。本章分三節敘述，一、主觀式的傷害預防，二、客觀式的傷害預防，三、防護室功能及防護人員的工作。

11-1　主觀的傷害預防

　　所謂主觀的傷害預防是運動前主動積極的行為來降低運動傷害的發生率或者是降低傷害的程度，大致上以下各點均為主觀式的傷害預防方法（圖 11-1）。

1. 身體檢查：了解運動者在開始準備運動前身體狀況是否在生理上有任何問題，經檢查發現若有問題必須做處理並了解其狀況，經改善達到可以運動之條件，即可參與運動。運動員健康檢查包括：眼睛、牙齒、皮膚、心臟、血壓；良好的身體才不會引發突發疾病。

圖11-1　主觀傷害預防

2. 體能訓練：運動中所需要具備的體能有心肺功能、速度、爆發力、協調性、柔軟度、肌力及肌耐力等不同運動項目之條件給予適當訓練，已達到可以完成比賽的目的。

3. 正確技術的培養：任何一種運動都有技術的條件，不純熟、不正確的動作，則影響並造成運動的傷害。

4. 熱身運動：運動前的熱身運動是增加血流量及攝氧量，增強神經傳導級反應，同時可增強關節的活動範圍（R.O.M.），時間視項目及個人所需大約20分鐘至50分鐘。

5. 伸展運動：基本上是增加肌肉肌腱韌帶軟組織的延展性，可減少肌肉等傷害並降低肌肉之痠痛度，此動作在熱身運動中及恢復運動中都必須完成。

6. 緩和運動：藉由此運動降低肌肉韌帶等軟組織延展性及休息常態，同時可以恢復疲勞及降低傷害之發生率。

7. 正確的運動傷害預防知識包括貼紮術之方法及護具使用，以及運動傷害處理之原則。

8. 營養與疲勞：各項運動所需之營養有一定的差異性，補充的控制須嚴格的把關，以提供運動中所需之能量，避免造成過多或過少影響運動的條件而造成傷害。營養的基本條件包括：碳水化合物、脂肪、蛋白質、維生素、礦物質及水分，由此可充分了解營養與體能、健康的相互之關係。

9. 場地器材及裝備：每項運動都必須具備國際標準合格的場地器材及裝備，不標準的場地（如：濕滑、凹凸不平或者無人看守的危險場所）、器材（如：已損壞器材或破舊不堪設備）及裝備都可造成運動傷害的因素，所以場地器材的安全性都必須確認例行的檢查，唯有經認證通過的場地與器材，才能安心使用。

場地可分為戶外及室內：

(1) 戶外活動
   ① 大環境各項因素變異範圍較大
   ② 運動安全性與表現較受環境因素影響
   ③ 適應環境、選擇適宜環境較控制環境為重要

(2) 室內運動
   ① 大環境因素除氣壓隨高度變異外，均較易控制在較小變異範圍
   ② 運動安全性與表現受大環境因素影響較小
   ③ 控制環境與適應環境同等重要

　　無論戶外或室內運動，小環境各項因素均不容忽視。購置保護性運動器材時應注意：

(1) 購自信譽優良之廠商

(2) 購最安全者（貴些無妨）

(3) 確定所有器材均正確地裝配

(4) 適當之維修（依使用說明書）

(5) 用於適當場合（目的）

(6) 警告運動員使用時之潛在危險性

(7) 製作／裝配任何配件應特別小心

(8) 有缺陷者應報銷（常檢修）

10. 溫度的變化：冷、熱均可造成傷害，因為過熱可造成熱痙攣、熱衰竭、熱中暑不同的傷害，凍傷在冬季運動中也是常發生的傷害。

11. 注意力過度集中或注意力不集中：此種行為皆因個人對訓練不專心或過度專心造成心理上的壓力，以致影響到技術行為造成傷害。

12. 惡意傷害：此種行為皆為缺乏道德感，不當行為造成對方選手遭受傷害。

13. 心理建設：緊張、壓力過大，造成身體動作的不協調及反應遲鈍，而引發運動傷害。

14. 過度訓練：在運動訓練的過程中，時間與訓練量的比重必須達成配比，若超過身體的負荷，則容易產生運動傷害。

15. 貼紮與護具的使用：貼紮術是保護身體的關節、肌肉、韌帶、柔軟組織。護具的使用有以下六點重點：

(1) 增加護具與撞擊面的接觸面積，如護脛

(2) 轉換撞擊點之衝撞力至身體其他部位，如甜甜圈墊片

(3) 限制身體之活動範圍，如護膝

(4) 直接吸收撞擊之能量，如跆拳道之頭套與牙套

(5) 改變肢體之受力，如足弓墊

(6) 支撐肌肉收縮時之受力，如網球肘墊

　　單純的預防性護具使用，必須依照各運動單項之規定，如果是因傷而必須穿戴護具，則必須針對傷害的本身作深入的了解之後，才能依據需求佩戴護具，千萬不要因為外穿戴護具，而導致意外傷害的發生或第二次的傷害。

11-2　客觀的運動傷害預防

一、傷害急救

　　當運動傷害發生時，如何能在最短時間內了解傷害位置及狀況，並做出適當的處置，使得傷害受到控制，並即刻送醫，並向醫生敘述發生原因及處理方式，使得黃金時間發展最大的效果。

二、傷害評估

　　當傷害位置確定經由檢測評估，可了解傷害程度，提供醫生了解並即時處理。

三、傷害處理

1. 保護（Protection）：藉由方法器材避免再移動或其他危險因素下造成傷害擴大。
2. 休息（Rest）：受傷後患部需立即停止活動，減少患部壓力不會導致傷害惡化。
3. 冰敷（Ice）：藉冰塊降低患部組織出血及發炎的方法。
4. 壓迫（Compressing）：防止受傷部位大量出血的有效方法。
5. 抬高（Elevation）：受傷部位抬高過心臟即可使血流量降低。

四、急救的原則

1. 先移除危險物（遭電擊時先移除電源或導電體）。
2. 檢查病患的意識。
3. 維持病患的呼吸及心跳。
4. 止血。
5. 使患者舒適、安心。
6. 判斷是否該催吐或稀釋。
7. 觀察是否有內傷。
8. 先穩定患者傷勢再搬運。
9. 記錄傷勢並送醫。

五、受傷者的搬運

如何安全迅速搬離現場，必須具備工具及特殊搬運方法，以達到受傷者傷勢不會加重，並即時送醫。

六、運動治療

藉由器材和專業的技術和完整的治療計畫，使得受傷位置能夠早日康復。

七、運動處方

分為治療性運動處方與預防性運動處方：

1. 治療性運動處方：主要用於某些疾病和創傷者的復健，使醫療體育更加定量化及個別化。
2. 預防性運動處方：以健康者為對象，主要是防止過勞。

運動處方的內容包括以下 5 點：

1. 運動的種類
2. 運動時應達到和不宜超過運動強度
3. 每次運動持續的時間
4. 每週運動的次數
5. 注意事項：鍛練時自我觀察的指標，及出現異常時停止運動的標準

八、體能重建

受傷後體能迅速減退甚至萎縮，必須有一套完整的體能訓練計劃設計，以期達成正常運動能力之體能，避免二次傷害產生（圖 11-2）。

圖11-2 客觀運動傷害預防

11-3　防護員及防護室的認知

　　綜觀運動傷害防護室的硬體設備與設計，雖然隨著經費、土地以及其他如人事、環境等因素而有所不同，但是在運動傷害護室的硬體設計上卻都有相類似之處。

一、運動傷害防護室的選擇

　　幾乎所有運動傷害防護室地點的選取，都傾向於以功能為導向的方式，強調運動傷害防護室的「戰略」（strategic）位置；所謂運動傷害防護室的戰略位置，主要重點強調運動傷害防護的便利性，可以從預防和急救這兩個觀點來看：運動傷害防護室在預防方面，是每次訓練前的例行公事，運動員的預防性貼紮、運動前準備、以及運動後的疲勞恢復及輕微傷害的即時處理，都是和訓練本身環環相扣的重要因素。這些預防性的運動傷害防護措施，如果失去交通上的便捷性，在實施上便會提高運動員的時間成本，降低運動員或教練的使用意願，長期下來便成為運動員健康和競技能力方面的損害。若從急救的角度來看，運動傷害防護室戰略位置的重要性更是不言可喻，運動員在運動競技場受到急性的運動傷害，這些傷害若能夠在最短的時間以內接受適當的照護，痊癒的機率自然提高許多，運動員受傷後重返運動場的時間也能盡可能的縮短。從現代已經相當豐富的運動醫學研究中可以看出，運動傷害的研究已經進入了專項化的時代，換言之，什麼樣的運動會引發什麼樣的運動傷害，通常已經有相當準確的預估及歸納。例如籃球運動員的下肢傷害、網球運動員的慣用手傷害、棒球投手的肩部運動傷害等，這些都已經被詳細整理。盡可能在特定的運動項目練習或比賽場所附近，安排該項目所需要的醫療救護器材，是一種相當務實的考量。

除此之外，運動傷害防護室的戰略位置選取原則，除了必須盡可能靠近運動場所外，尚須考慮如何拉近所有相關單位及人員的距離。舉例而言，運動傷害防護的實務工作當中，除了運動員和運動傷害防護員之外，還有其他許多相關人員負責，包括醫療諮詢、教育訓練及日常照護等工作，這些人員包括醫師、教師、教練以及實習生等。便利的交通可以確保上述人員通行無阻，提高合作效率，減少組織內部效率的消耗。舉例而言，如果運動傷害防護室的位置與校醫辦公室距離十分遙遠，運動傷害防護室中又無專屬的運動醫學專科醫師，則當運動傷害防護員判斷運動員的傷勢超過運動傷害防護員的處理範圍時，勢必只有等待轉診或是要求醫師初診這兩種辦法，這兩種辦法隱含的都是交通上的時間成本，距離越遙遠、交通越不便利，越容易延宕治療。

為了達到上述目的，運動傷害防護室的地點選取有幾種方法，包括集中法及衛星法。所謂集中法，是運動傷害防護室地點安排最常見的一種作法，集中法是將所有運動傷害防護設施集中於一個空間或是相鄰數個空間裡，這間運動傷害防護室通常距離運動場所最近，並且由專職的運動傷害防護員常駐，適合用於運動團隊中等規模的學校。

二、運動傷害防護室的主要分區

要強化運動傷害防護室的功能，除了選擇適當的位置之外，內部如何規劃也同等重要。運動傷害防護室功能複雜，各項功能相關器材的種類也相當多，為了提高空間使用效率以及服務效能，無論運動傷害防護機構規模大小，運動傷害防護室內部空間通常會按照其功能或儀器屬性來布置。通常經費較拮据的學校，由於運動傷害防護室的空間不足以容納所有運動項目所需的運動傷害防護器材，因此運動傷害防護室按照不同運動季節改變服務項目，例如在棒球球季當中提高棒球專項運動所需的運動傷害防護器材及人員，當球季結束後即縮編，轉而投入另一個項目。不過大致上來說，運動傷害防護室通常分為以下幾個主要區塊：診療區、水療區、貼紮區和復健區，以及其他輔助區塊如記錄區、辦公室或醫師診斷室等。各區塊通常可以使用半牆做區隔，既維持整體的通透性，亦保有各區塊的獨立性。

　　診療區是運動傷害防護室最主要的區域，主要功用在於提供運動員接受初步診斷、推拿、按摩或初步治療的區域，通常診療區裡會有診療床、診療桌、診療椅等，以及其他諸如電療、熱療、超音波等儀器，所附儀器會依學校經費及運動專項需要而有所不同。

　　水療區其實功能上與運動復健區多少有些重疊，不過水療區之所以常被獨立為一個區塊，主要是因為用水的原因。有些學校將水療池、冷水浴、熱水浴、水中跑步機、噴射水流池等器材設施通稱「濕區」（wet area），主要的原因在於這些器材無論用來治療或復健，都必須配合用水及排水，與其他非用水器材有區隔之必要，況且，運動傷害防護裡的其他器材，無論是金屬、木材或精密儀器，通常必須維持在一定的乾濕度才能確保長期使用。因此，如何在運動傷害防護室裡規劃一塊「濕區」，是一項重要的工作。一般而言，在場地相對不受限的情況下，濕區最好可以獨立於運動傷害防護室之外，選擇一個鄰近的獨立空間，空間內有獨立的排水及溫溼度控制系統，許多擁有大型水療設施的學校，都自有其獨立的水療室。不過，規模相對較小的學校，如果沒有獨立的空間，而且僅有有限的水療設施的話，就只能在同一個空間裡劃分出一塊濕區，通常這種與其他區域處在同一空間的濕區，只能放置如水療浴缸、渦流浴缸，或是僅供上肢或下肢使用的小型水療器材。另外，也有些學校利用游泳池等用水設施作為水療的硬體設備，雖是一種整合利用校內資源的作法，但無形中也排擠了游泳池部分的原本功能。

　　運動復健區的空間需求通常較大，但偏偏空間通常是運動傷害防護室最缺乏的，因此，運動復健區通常具備幾種特色，包括器材精簡、重視收納以及機動安排等。運動復健區的器材需求，大致與一個簡單的健身房相類似，需要肌力訓練器材、功能訓練器材和心肺功能訓練器材；不過與健身房不同的是，健身房的功能在於透過訓練激發運動員最大潛能，運動復健區的功能在於盡可能讓受傷的運動員恢復原先的運動能力，因此運動復健區的器材通常較健身房簡單。運動復健區必須擁有足夠寬大的空間，空間的需求視該機構所需服務的運動員人數而異，不過，除非擁有無限大空間，否則每一寸都必須珍惜，尚須預留安全距離，例如使用啞鈴做上肢復健時，除了需要預留上肢伸展、擺動空間之外，還需預留啞鈴不愼脫手的安全距離。由於空間對於運動復健的重要性，因此運動復健區的器材最好能夠機動擺放，不需使用時可以移動到不占空間的位置，零星的小器材也需有足夠的收納空間，讓運動復健區的空間發揮最大效益。

貼紮區也是一個幾乎所有運動傷害防護室都不能缺少的主要功能區域，不過貼紮區的空間安排的變化也最大。小到一個放滿了貼紮耗材的置物櫃或急救包，大到具有專爲貼紮設計的貼紮桌、貼紮椅的貼紮專區，都是各校運動傷害防護室安排貼紮區的作法。貼紮區的空間設計通常需同時考慮人力資源，如果空有二十張貼紮椅，上面坐滿了等待中的運動員，但只有一位運動傷害防護員和兩位實習生，則大多數的貼紮椅和空間都被浪費掉了。

三、運動傷害防護室的其他分區

除了上述的診療區、水療區、復健區和貼紮區之外，運動傷害防護室尚有防護員辦公室、醫師診療室、儲藏室、藥房或藥品室、醫療記錄區等重要功能區，不過，不像上述的診療區、水療區、復健區和貼紮區，防護員辦公室、醫師診斷室等不一定各校皆有，因此與上述區域分開來討論。某些學校不具備某些區域，並不是因爲這個區域不重要，而是可能因爲現實考量，或是與學校其他單位功能重疊，因此該區域被裁撤或轉移，例如醫師診斷室工常和校醫辦公室或健康中心功能部分重疊，因此常被合併或取消。茲將本部分重要要素列述如下：

1. 運動傷害防護員通常是一個運動傷害防護室的主管，因此防護員的辦公室如同主管辦公室，需要位在能夠通視全場位置，因此，若此辦公室爲一個和運動傷害防護室相鄰的獨立空間，則必須有大型玻璃讓主管可以隔窗管理。如果沒有獨立空間，則最好在一個能掌握全視的位置設置一張專用的辦公桌，運動傷害防護員的辦公室最好能獨立使用，避免與其他診療、復健、貼紮等功能重疊。

2. 醫師診療室可以說是運動傷害防護室裡舉足輕重的一個部門，凡是超過運動傷害防護員的職權範圍的事務，當需要由醫師來處理，例如診斷病情、開立藥物處方、實施手術及手術後評估等。但是，基於許多現實的考量，許多學校通常不具備醫師診療室。主要的原因通常與人力資源有關，醫師診療室必須有專業醫師常駐，人事成本甚高，因此，較常見的作法是與學校內或學校外的其他單位合作，例如由學校的校醫或是校外的特約醫生擔任運動傷害防護醫療的主要診斷者。

3. 儲藏室或儲物區是一個隱藏性的功能區域，儲藏物品或許不需要一個獨立的區域，一系列的儲物櫃或許就可以容納。這個區域通常是利用各區域用剩的畸零空間，可機動安排或調整。藥房屬於較具特殊性的儲物空間，除了需要特殊環境控制，以維持適當的溫度和濕度，還需依法由合格的人員管理（圖11-3）。

　　一位合格的運動防護員必須具備運動傷害專業的知識、技術及經驗，對運動傷害的預防、評估急救、健康管理、防護保健、體能訓練及儀器器材的使用和運動傷害相關事物都需充分了解及良好經驗。一名優秀的運動傷害專業人員，應在平時就能取得教練與運動員良好的溝通及信任，並以專業的知識來評估運動員傷害的情況，而做出對運動員健康最有利的決定，同時要與教練有相同的共識，就是要以選手的運動前途著想，而不能只為了眼前的比賽。

圖11-3　運動傷害防護室

　　運動的本質在於鍛練健康的身體，綜觀其運動中所產生的傷害，造成了相反的結果，這不是我們所預見的。為了加強運動安全的措施，本文在主觀的傷害預防及客觀的傷害預防和防護員及防護室的功能中，提出了相關的見解，提供運動者在運動中如何預防及處理的相關事務，減少了運動中的危機及傷害，同時，防護員與防護室的功能再度證明了能夠保護選手減少受傷的可能性。

第 12 章

運動健康 Q & A

1. 運動前該吃什麼？

　　運動前主要以攝取碳水化合物為主，因為易消化吸收。攝取食物和運動前的時間配當參考如下：為了得到有效的訓練結果，試著在運動鍛鍊前 2-3 小時吃一份含有碳水化合物、蛋白質和脂肪的套餐。如果沒有充分的時間，在運動鍛鍊前 45-60 分鐘進食，建議選擇易於消化和包含主要是碳水化合物和一些蛋白質的食物。另外，應該牢記：離運動鍛鍊時間越短，進食應該以攝取更少量和更簡單食物為原則。

2. 增加體重對健康的影響大嗎？

　　體重過重和健康問題主要觀點：超過的體重量對健康的影響大於增加體重—超過正常體重的量增加了健康問題的風險。體重過重或肥胖的人，比較容易患有心臟病、中風、糖尿病、癌症和沮喪。

　　幸運的是，降低過多的體重，能減低對上述發展中健康問題的風險。標準體重的計算，因人種、地區之不同而異。世界衛生組織計算標準體重之方法：

　　男性：（身高 cm － 80）× 70% ＝ 標準體重
　　女性：（身高 cm － 70）× 60% ＝ 標準體重）

（自動計算網址：http：//www.scpo.nccu.edu.tw/show/part1/b/B2/standard.htm）

3. 運動強度是什麼？（什麼是中等，什麼是激烈）

　　中等強度的有氧活動是指任何活動，能夠引起輕微但感受的到的呼吸和心跳增加的運動強度。有一種用來估計中等活動的方法叫做「說話測試」—運動努力的程度足以流汗，但沒有強到影響舒適的和人對話。激烈強度的有氧活動，會引起更快的呼吸和更快的心跳，但你仍然可以和人對話—用很短的句子。

　　請你要特別記住的是某些人認為是中等強度的活動，但是對其他人而言卻是激烈的活動：例如年輕的馬拉松跑者，可以以每小時 4 英里的步數跑，而沒有明顯的流汗。以同樣的步數跑，對一位 90 歲的人而言卻是很激烈的活動。

4. 導致心血管疾病風險的常見因素有那些？

導致心血管疾病的風險因素有以下各種：

(1) 年齡
(2) 缺乏重要的營養，如多酚抗氧化劑
(3) 糖尿病

(4) 高膽固醇血症（高膽固醇水平）及不正常的脂蛋白狀況

(5) 吸煙及二手菸

(6) 空氣污染

(7) 較高的纖維蛋白素原及纖溶酶原激活物抑製劑-1的血液濃度

(8) 提升的高半胱氨酸，或正常的上半水平

(9) 非對稱性二甲基精氨酸攀升的血液含量

(10) 高血壓

(11) 噪音

(12) 肥胖症，尤其是腹部肥胖或男性肥胖；除了與糖尿病有所關聯外，這種肥胖症獨立地增加患上心血管疾病的風險，即引起炎症及凝血的情況。

(13) 遺傳因素或患上心血管疾病的家族歷史

(14) 缺乏運動

(15) 憂鬱症

　　雖然男性患上心血管疾病的比率較女性高，但在工業國家這仍是女性的頭號健康問題。在更年期後，女性患病的風險可以比過男性。荷爾蒙補充療法可以減輕部分後更年期的問題，但心血管疾病的患病風險卻似乎因而增加。

防止心血管疾病：

　　要防止心血管疾病，就要修正上述的風險因素。有些因素，如年齡、性別、遺傳基因及家族歷史都不能更改，但經由基因檢測篩檢出心血管脆弱基因，及早預防能有效降低發病機會。停止吸煙是其中一種最有效及容易修正的因素。經常性的有氧運動加上健康的飲食習慣，可以改善脂蛋白的水平。如果不能，醫生可以處方減低膽固醇的藥物，如他汀等，這種用藥亦可以有額外的保護作用。阿司匹林亦是另一種處方的藥物，它可以減低導致心肌梗塞及中風的血凝的形成。這些都是一般給予患有一種或以上風險因素的病人的處方。

　　其中一種經常被疏忽去消除心血管疾病風險的方法是維持總膽固醇水平低於 150，有研究指總膽固醇水平低於 150 的人甚少患有冠心病。

　　每星期最少吃兩次油性魚類可以幫助減低突然死亡及心律不整，橄欖油亦可以有最好的幫助。研究個別心臟細胞顯示脂肪酸阻止心臟內多餘的鈉及鈣，這些都是引起心臟節律的危險及不可測的改變。

5. 什麼是負荷體重的運動？

正如同其名，負荷體重的運動是只能用身體當作抗力來源的運動型態。例如：伏地挺身被歸類為負荷體重的運動，進行運動時，不使用額外的抗力和設備。在做伏地挺身的時候，地心引力和身體重量提供了抗力，胸部肌肉和肱三頭肌要克服上述抗力，以成功的完成一次反覆。已經被證實的是，有些健康和體能的益處和使用身體當作唯一的抗力，進行規律的抗力運動，有所關連。

首先，大多數負荷體重的運動不需要設備。第二，事實上所有的負荷體重的運動可以在任何地方執行。第三，負荷體重的運動把自己的體重和地心引力當作阻力機器。最後，在執行不同負荷體重的運動時，所有肌群可以被鍛練。負荷體重的運動是發展肌肉緊實、核心肌力，協調和柔軟度極佳的運動型態。

6. 身體對睡眠的管理和需求，重要嗎？

睡眠的好處幾乎影響日常生活所有的內容。大家都知道睡眠對身體有好處，但是沒有很清楚地了解需要睡多久和睡眠為什麼這麼重要。

據哈佛醫學院睡眠醫學部指出，身體對睡眠的管理和需求，如同身體調節對吃、喝和呼吸的需求一樣。其他研究顯示，睡眠對身體健康、長壽和情緒穩定扮演重要角色。

針對不同年齡所需要的睡眠時間建議值如下：

(1) 剛出生嬰兒（0-2個月）：12-18小時

(2) 嬰兒（3-11個月）：14-15小時

(3) 幼兒（1-3歲）：12-14小時

(4) 學齡前兒童（3-5歲）：11-13小時

(5) 學齡兒童（5-10歲）：10-11小時

(6) 青少年（11-17歲）：8-9小時

(7) 成年人（18歲以上）：7-9小時

充分睡眠的好處：

(1) 睡眠幫助身體修護

(2) 睡眠幫助保持心臟健康

(3) 睡眠幫助降低壓力

(4) 睡眠幫助增進記憶力

(5) 睡眠幫助控制體重問題

(6) 睡眠幫助降低罹患糖尿病的風險

(7) 睡眠幫助降低突發性的情緒失控

7. 柔軟度對健康重要嗎？

　　柔軟度是指關節移動完整動作範圍的能力。柔軟度訓練（伸展）並不是只談成為世界級體操選手──而是關於你在運動和其他活動或不良的姿勢時，使用或過度使用肌群的平衡。

增進柔軟度的好處：

(1) 促進運動表現、降低運動傷害的風險。

(2) 減少肌肉痠痛。

(3) 改進姿勢。

(4) 減少下背痛的風險。

(5) 增進血流和營養素到組織。

(6) 增進肌肉的協調性。

(7) 強化身體活動的樂趣。

(8) 減少恢復所需時間。

8. 身體活動能量消耗是什麼？

身體活動能量消耗相關名詞定義：

(1) 1MET（Metabolic Equivalent：代謝當量）：休息時的代謝率，被定義為每公斤體重每分鐘消耗3.5毫升的氧氣。

(2) 1Kcal（Kilocalorie：千卡）：使用200毫升氧氣消耗的熱量。

(3) 能量消耗以千卡/分鐘表示：

　　① 千卡/分鐘 = 0.0175千卡/公斤/分鐘 x METS x 體重（公斤）

　　② 體重（公斤）是指體重以公斤為單位

　　③ 下列熱量消耗千卡，以70公斤體重為例

適當強度身體活動範例（200-350千卡/小時）

(1) 騎腳踏車
　① 速度：5.5英里/小時 （220千卡/小時或3METS）
　② 速度：11英里/小時 （440千卡/小時或6METS）
　③ 速度：16.5英里/小時 （660千卡/小時或9METS）

(2) 打保齡球 （270千卡/小時或4METS）

(3) 打高爾夫球
　① 高爾夫車 （150千卡/小時或2METS）
　② 走路 （300千卡/小時或4METS）

(4) 游泳（速度：0.25英里/小時；300千卡/小時或4METS）

(5) 走路（大約100卡/英里）
　① 速度：2英里/小時 （150千卡/小時或2METS）
　② 速度：4英里/小時 （330千卡/小時或4METS）

9. **我們為了減重需要每天走10,000步嗎？**

　　常聽到為了體能和減重，每天要走 10,000 步。每天走 10,000 步這個數字，到底是如何來的？這個數字是體能迷思，還是有科學研究證明它有效？

　　流行每天走 10,000 步，為健康和減重是起源於日本。計步器研究者 Catrine Tudor-Locke 博士認為，走 10,000 步原始出發點並不是醫學研究。後來，有很多研究者做了延續的研究，其中也包括 Tudor-Locke 博士。研究結果顯示，10,000 步不是一個神奇數字，但是，對一個人一天需要多少的身體活動量，10,000 步是一個很好的指標。

每天10,000步符合運動量建議值

　　一個不怎麼有動態生活的人，在房子周邊的身體活動，一天當中大約 3,000 步甚至更少。一天走 10,000 步，大約走了 5 英里。除非你是餐廳服務員或護士，一般人只靠日常活動，很難達到 10,000 步。大多數人，要靠一次或更多次持續地走或跑才能達到 10,000 步的量，相當於每天要走 30-60 分鐘或更久。這個量符合大多權威人士認為可以降低健康風險的每日最少運動量。

10. **規律參加有氧運動對憂鬱症患者的健康，有所幫助嗎？**

　　　有憂鬱症的人若能規律參加有氧運動，其症狀可減緩 47%。一項研究顯示：一組有憂鬱症的人，參加一週三次中等強度的有氧運動，經十二週後其經驗到憂鬱症狀降低 47%。另一組有憂鬱症的人，參加一週三次低強度的有氧運動，他們的憂鬱症狀降低 30%。「點燃：運動與腦的革命性新科學」一書作者哈佛大學教授 John Ratey 說：「運動不只是燃燒熱量，它是關於啓動腦力。規律運動的人，情緒變得比較規律而且認知能力也變比較好。」

11. **體重與沮喪有關係嗎？**

　　　民眾變重是因爲他們患有沮喪，還是他們變成沮喪是因爲他們變重？整合 15 篇研究報告發現，兩種描述都像是眞的。在 2010 年發表在 Archives of General Psychiatry 的一篇研究發現，肥胖的人和正常體重的人相比較，有高於 55% 的風險，發展出沮喪的問題。下列原因說明爲什麼，肥胖的人會增加患有沮喪的風險：

(1) 兩種狀況出現在腦的主幹（至少有部分），就是對壓力反映的化學物和功能有了變化。

(2) 心理因素也是合理的解釋。在我們的文化（指美國）裡，瘦等於美麗，和變胖會降低自尊，自尊的降低是一個引發沮喪的觸發器。

(3) 奇怪的飲食模式和飲食失調，和變胖所伴隨的身體不舒適，是會加速沮喪問題的已知原因。

　　　研究也發現，患有沮喪問題的人，有高於 58% 的風險變成肥胖。下列原因說明爲什麼，沮喪的人或許會導致肥胖。一項理論認爲，當提高了壓力荷爾蒙皮質醇（在沮喪的人常見）的水準，或許影響了肥胖細胞的物質，它會促使脂肪累積，似乎特別是在肚子。感覺沮喪的人，常常感到合宜的吃和規律運動是一種憂慮，這樣會讓他們更傾向變重。 一些治療憂鬱的藥會導致變重。

12. **醣原介面是什麼？**

　　　在高強度或長時間的運動後，身體非常敏銳的感受到要吸收和替換剛剛被消耗的營養物質和水分，和幫助修補復原，這個時期就是知名的「醣原介面」。這時你需要大量的補充碳水化合物和一些蛋白質，讓你的系統恢復。「醣原介面」打開大約 2 小時，但是在運動結束後 20-30 鐘，補充碳水化合物恢復醣原的效果最好。

13. 什麼是有氧運動？

有氧運動有三個重要的部分：

(1) 熱身期——3-5分鐘較低強度運動（例如：跑步機的速度和高度），使肌肉溫暖和緩慢增加心跳。

(2) 體能期——有氧運動在特定的時間長度操作（比如 30-45分鐘），在這期間目標心率要達到且要維持。

(3) 和緩期——3-5分鐘較低強度運動，使心跳率下降和降低傷害的風險。

　① 型態：你所選擇要做的活動型態。活動必須包括操作到大肌肉群，諸如：走路、慢跑、游泳、有氧舞蹈或騎腳踏車，有很多種運動型態可以選擇，找一個你有興趣且可以持續很長一段時間的活動。

　　建議：任何你感到興趣的活動。

　② 強度：在活動期間裡，你努力的程度。

　　建議的目標心率：你的預估最大心率的60%-80%（預估最大心率=220-你的年齡）。例如：一位45歲的人，他的預估最大心率為220-45或175；目標心率的範圍（最大心率的60%-80%）是從105-140次/分鐘。另外一種決定你活動強度的方法是自覺強度量表（REP）。有心臟病的人要和他的醫生討論運動強度。有些心臟狀況，運動課程或許需要修正或監督。藥物或許會影響心率，如果你有吃任何心臟或血壓的藥，請詢問你的醫生，藥物會不會影響目標心率。

　③ 時間：活動時的時間長度。

　　建議：30-60分鐘，須依據你所訂定的目標。

　④ 頻率：你運動每週的天數。

　　建議：每週3-7天，須依據你所訂定的目標。

　　　美國心臟學會指引指出，在一週裡大多數的天數，最少從事30分鐘合宜強度（最大心率的60%-80%）的有氧運動，在連續的一段時間或至少20分鐘間斷的時間，這樣的運動量被認為可以降低冠心病的風險，大約相同於每天快走1.5英里或耙樹葉半小時。若是為了控制體重，你需要增加更長的運動時間以燃燒更多的熱量。

14. 運動後的恢復為什麼很重要？

　　休息和恢復是任何一個完整運動流程的一部分。運動後的恢復流程，對體能的獲得、運動表現和讓你能夠更有效率地進行訓練，具有很大的影響，很不幸的，很多人並沒有運動後的恢復計畫。

　　運動後恢復的本質是肌肉和組織的修補和力量的建造。在很強的重量訓練之後，恢復更顯得重要。肌肉需要 24-48 小時的修補和再造，如果太快讓肌肉再次工作，很容易導致組織破損而非再造。針對重量訓練而言，避免讓同一肌肉群，連續訓練兩天。

15. 跑步可以解救你的視力？

　　每天跑 1.2 至 1.6 英里的人，可以減低發展出肌肉退化的危險達 19%，這種肌肉退化將導致 60 歲以上成人變成失明，這項結果是針對 41,000 位跑步者，做了長達 7 年的研究。如果每天跑 2.4 英里以上，這種肌肉萎縮導致失明的危險，可大幅降低到 42-54%。

16. 運動後水分的補充是什麼？

　　在運動時很容易造成脫水。脫水時會降低你的血壓和心跳率，而且會讓你感覺很不舒服。脫水同樣的也會增加了運動相關狀況的風險，諸如，體溫過低和熱病。因此，在運動前和運動後補充足夠的水分是很重要的事。

　　當在運動時流汗，身體就流失電解質，電解質是微量溶解在體液中。電解質在體內扮演重要的水平衡，如果電解質水準過低，你的運動表現會被減弱，而且很容易遭受到運動相關的傷害和熱病。補充水分是指補充水和電解質，下列液體的再補充最有效益：

(1) 水──水是維持體內水的平衡和補充流汗時水分流失的根本。

(2) 牛奶──牛奶已經被證明能夠充分提供電解質給競技運動員和休閒運動者，牛奶同樣也可以幫助建造淨肌肉質量和加速恢復。有一個研究比較3種飲料─巧克力牛奶、市場上買的運動飲料和市場上買的液體補充飲料，對耐力型腳踏車測驗的表現。研究者指出，在這熱量相當的3種飲料中，運動測驗前喝巧克力牛奶組比喝運動飲料組能夠騎得更久。研究者們認為這種差異可能是，飲料中所含碳水化合物的類型和／或脂肪含量有關。

(3) 運動飲料──對參與高強度運動的人很有用，但是對低強度運動者（如：走路）較爲不適宜。喝運動飲料的主要目的，是在高強度運動時補充血液中的葡萄糖、肝糖和電解質。每一份運動飲料，平均含有250千焦耳熱量的碳水化合物（大部分以糖的形式存在）；如果運動飲料所供應的熱量，沒有在運動時消耗掉，體重增加便是後果。想要維持現有的體重，必須是從食物中所攝取的熱量等同於所燃燒掉的熱量。

運動後所攝取的液體必須相同於或超出流汗時所流失的水分。對高強度的運動員而言，所補充的液體要能夠補充電解質（如：牛奶和運動飲料）。對中等強度的運動者，喝水就很足夠了。

17. 什麼是代謝徵候群？

代謝徵候群是一群危險因子和體重過重及肥胖連結在一起的名稱。這些危險因素增加你心臟病和其他健康因素的風險，像是糖尿病和中風。

代謝徵候群的診斷方式是，如果你在下列五項危險因子中，有三項便是：

(1) 大的腰圍（腹部肥胖）

(2) 高於正常三酸甘油脂值（或正接受醫療處理高三酸甘油脂問題）

(3) 低於高密度脂蛋白膽固醇值（或正接受醫療處理高密度脂蛋白膽固醇值過低問題）

(4) 高於正常血壓值（或正接受醫療處理高血壓問題）

(5) 高於正常禁食血糖值（或正接受醫療處理高血糖問題）

治療代謝徵候群的第一線，就是建立健康生活型態。生活型態的改變包括，降體重、規律的身體活動、遵循有益於心臟健康的飲食和戒菸。如果你的生活型態改變的不夠，醫生就會給你藥物處方。

18. 多少的運動量對降低乳癌風險有效？

以 2-3 英里的速度走 1 小時可降低一些風險；每週 3-5 小時的快走，對遠離乳癌最具有保護作用。你可以多樣的變化活動方式─嘗試慢跑、遠足、游泳、騎腳踏車或其他讓你動起來的活動。Michelle Holmes 博士在她的研究報告中顯示，乳癌存活者每週花 3-5 小時（或大約每天半小時）做運動，有最佳的存活率。還有爲了預防癌症再復發，依據美國癌症學會的建議，一週最起碼要有 5 天從事 30-45 分鐘的運動。

19. **關於運動與老年人的5個迷思？**

　　迷思1：運動加不了分，我就是變老了。

　　事　實：運動與肌力訓練，幫助你看起來和感覺起來更年輕和保持活動能更久。規律的身體活動，可以降低身體多種狀況的危機，包括：阿爾茨海默氏症和癡呆、心臟疾病、結腸癌、高血壓和肥胖。

　　迷思2：老年人不該運動，他們應該節省力量和休息。

　　事　實：研究顯示，坐臥式的生活型態對老年人是不健康的，不活動常常導致老年人失去自己完成事情的能力和導致常去醫院、看醫生和使用藥物治療疾病。

　　迷思3：運動讓我有跌倒的危險。

　　事　實：規律運動增進肌力和肌耐力，可以預防骨質流失和增進平衡，事實上是可以減低跌倒的危險。

　　迷思4：太遲了，開始運動對我而言我已太老。

　　事　實：從事運動永遠不嫌太老！如果你以前從未運動過或只做過一些，從慢走和其他和緩的活動開始。

　　迷思5：我是失能者，我坐著無法運動。

　　事　實：靠坐輪椅的族群，面對特別的挑戰，可以舉輕的重量、伸展和坐姿有氧運動，以促進肌肉張力和心肺的健康。

20. **運動員缺乏維生素C的風險？**

　　運動員缺乏維生素 C ，可能會導致肌肉裂傷或韌帶裂傷等運動傷害。維生素 C 是強化血管、肌肉、韌帶和肌腱的重要營養素，富含維生素 C 的食物有：深綠及黃紅色的蔬菜和水果，如青椒、蕃石榴、柑橘類、蕃茄、檸檬等。

21. **什麼是心肺耐力？**

　　心肺耐力是指心臟、肺臟和血管運送氧氣到工作肌群和組織的能力，以及這些肌群和組織使用氧氣的能力。

　　增強心肺耐力的好處：

(1) 增進心肺功能

　　① 保持心臟本身血液和氧氣的供給。

　　② 增進心肌功能，心臟每跳可泵出較多血液。

③ 增進心臟縮收力量。

④ 增加心臟內腔的大小（剛成年者）。

⑤ 增加血流量，因此心臟在每次收縮時可以泵出更多的血液到循環系統。

(2) 增進細胞新陳代謝

① 增加肌肉細胞裡的微血管數量。

② 訓練肌肉獲得最大的氧量和燃料，所以肌肉收縮更有效率。

③ 增加肌細胞中粒線體的大小和數量，增進細胞供能的能力。

④ 預防肝糖耗盡和增進肌肉使用乳酸和脂肪當燃料的能力。

(3) 降低罹患慢性疾病

① 心血管疾病

② 癌症

③ 第二類型糖尿病

④ 骨質疏鬆

⑤ 任何病因導致死亡

(4) 較好控制體脂肪

(5) 增進免疫功能

(6) 對老年人運動的好處

22. 運動員低維他命D的風險？

《低維他命D和運動員》

(1) 低維他命D影響肌肉功能和肌力。

(2) 低維他命D增加了骨骼碎裂的風險。

(3) 低維他命D降低了自我免疫防禦力。

根據美國國家健康研究院（NIH）對維他命 D 的說明，自然界中含維他命 D 的食物極少。新鮮的魚（如鮭魚、鮪魚和鯖魚）和魚肝油是天然維他命 D 的最佳來源。

23. 什麼是身體質量指數？

身體質量指數（BMI）或稱凱特勒指數，是依據個人的身高和體重測量人體的體型。BMI 是在西元 1830-1850 年間，由博學的阿道夫•凱特勒在發展社會物理課程中所設計。身體質量指數被定義為個人的體重除以身高的平方，這個公式普遍的以醫學產出單位公斤 / 公尺 ^{2} 測量。

「基礎 BMI」簡單修正了 BMI 系統，是實際 BMI 值和 BMI 上限值（現在被定義為 BMI25）的比值。「基礎 BMI」被定義為分別兩個 BMI 的比值，它是無限值，沒有單位。個人的「基礎 BMI」值小於 0.74 是過輕；介於 0.74 和 1.00 之間視為理想體重；大於 1 則是過重。「基礎 BMI」值在臨床上很有用，因為，個人馬上就可以辨別，他們的體重偏離理想體重上限百分之多少。例如：一個 BMI 測量值是 34 的人，他的「基礎 BMI」值為 34/25 = 1.36，那麼他或她體重超出上限的 36%。

24. **壺鈴運動？**

壺鈴發展至今大約有 100 年的歷史，傳統上是由鐵鑄造成圓形狀，在頂端有可以用手握的把手。壺鈴運動是鍛練全身極佳的運動型態，同時也包含獨特型運動，以針對個別肌群的鍛練為目標，加以設計運動方式。

壺鈴有不同的尺寸可供選擇，基本上其重量從 5 磅到 200 磅。從事壺鈴運動，最好有能力購得各種不同重量的壺鈴，好讓個人隨著他肌力和肌耐力增進時，能很有彈性的增加所使用的壺鈴重量。另外，壺鈴運動容許個人簡單和快速地使用不同重量的壺鈴，執行不同的運動。換句話說，壺鈴可讓個人快速的在不同運動中替換，有效的執行其運動流程。

無論男女、體能水準和年齡層，都相當適宜進行壺鈴運動。壺鈴運動特定的健康和體能益處包括：增進關節活動角度、增進核心肌力、增進肌力和肌肉緊實、增進心肺耐力和增進協調、平衡和柔軟度。

25. **假期旅遊有什麼好處？**

旅遊時的放鬆和享受文化是很明顯的好處，除此之外，假期旅遊還有很多財富回報。

(1) 活得更久：紐約州立大學的問卷研究顯示，若每年有安排度假的男性，降低20%的死亡率；五年內完全沒有安排度假的男性和其他男性比較，擁有最高的死亡率和心臟病發的比率。

(2) 增進心理健康：一篇刊登在威斯康辛醫學期刊的研究顯示，常安排度假的女性少有沮喪、緊張和疲勞的現象；安排度假比較少的女性在家比較有壓力感和睡眠不足的現象。

(3) 修補你和家人的關係：真正的假期是重新連接和振興家人關係的最佳時機，因爲平時已造成電話溝通、很忙和工作癮的生活文化。

(4) 重溫兒時情境：真正的假期讓你重拾兒時自由探索的感覺。

(5) 獲得自信：不要把自己當拍賣品。去度假，向自己或別人宣稱自己是很重要的，值得獲得自己專用支配的時間。

(6) 發現創意靈感：我們經年累月的按照時間表過日子，吃同樣的餐廳、看見同樣的人和環境；這種單調的生活減低靈感和新的想法。藉由到國外度假，置自己於不熟悉不舒服的環境，促進大腦有不同的想法。

(7) 更具生產力：一年安排兩周的度假，將強迫自己在剩下的50週，工作更有效率。

如何過真正的假期

(1) 創建度假基金

(2) 讓老闆和同仁早點知道你的度假規劃

(3) 不要再，直接宣告你要度假

(4) 早一點訂機票和住宿

(5) 行囊輕便化

(6) 把手機留在家裡

(7) 戴耳機

(8) 帶些安眠藥

(9) 不要每分鐘都在安排行程

(10) 不要臨時縮減度假時程

26. **藥球運動？**

藥球運動是鍛練全身極佳的運動型態。藥球運動更具特殊性，可用獨自的運動形式，鍛練上半身、下半身和核心各部肌群。

藥球有不同的尺寸可供選擇，基本上其重量從 2 磅到 15 磅。藥球有不同的重量，好讓個人隨著他的肌力和肌耐力增進時，使用不同尺寸和重量的藥球進行鍛練。另外，藥球運動容許個人使用不同重量的藥球，快速的在不同運動中替換，執行不同的運動。無論男女、體能水準和年齡層，都相當適宜進行藥球運動。

　　　　藥球運動能增進關節活動角度、增進核心肌力、增進肌力和肌肉緊實、增進心肺耐力和增進協調、平衡、柔軟度和聯合完整性。藥球運動可個人或和友伴一起進行鍛練。

　　　　另外，藥球運動是發展核心肌力極佳的運動型態。核心肌力體能包含下背部、腹部、臀部和腹斜肌。鍛練身體的核心區域，將直接強化肘、肩和膝關節整合，而且提供改進原生爆發力和手臂與腿的耐力。

　　　　最後，進行藥球運動能讓多種肌群同時被刺激鍛練、促進身心和手眼協調；還有很多醫學和物理治療機構，使用藥球運動作為復健的一種形式。

27. 目標心率和最大心率預估值？

　　　　目標心率和最大心率預估值是監控身體活動時運動強度的方法之一，是測量個人的脈搏或心率在從事身體活動時，介於目標心率區。

　　　　對合宜強度的身體活動，個人的目標心率必須介於他或她最大心率的 50-70% 之間。預估最大心率是依據個人的年齡訂定，預估一個人的年齡相關最大心率，可由 220- 個人的年齡而得。例如，一個 50 歲的人，他的年齡相關最大心率預估值可由 220-50=170 次 / 分（每分鐘跳幾次）。那麼 50% 和 70% 的強度水準為：

50%強度水準：170×50%＝85次/分

70%強度水準：170×70%＝119次/分

　　　　因此，50 歲的人從事合宜強度的身體活動時，他的預估心率要介於 85-119 次 / 分之間。

28. 身體活動相關的定義？

(1) 身體活動 （physical fitness）——能夠導致消耗熱量的所有身體動作，包括日常生活的活動，如：走路、騎腳踏車、爬樓梯、做家事和上街購物，這些大都屬日常生活的附帶部分。

(2) 運動鍛練 （exercise）——有計畫和結構性且重複動作，特別被設計來增進體能和健康。鍛練可能包括如，快走、騎自行車、有氧舞蹈和一些動態的興趣，如：園藝和競技運動。

(3) 運動（sport）——身體活動在規則的規範下，發生在有架構性競賽情境下的活動。在很多歐洲國家，運動一詞常用來包括所有的鍛練和休閒時的身體活動。

(4) 體能（physical fitness）── 一組和從事身體活動能力有關的屬性，諸如持久性、活動性和力量。

29. 簡易運動要訣？

　　當我們決定開始運動，我們常常急著參加健身房會員或買了昂貴的器材，還發誓每天要運動。我們或許去健身房一兩次，使用健身器材幾次後，就失去了運動的動機。健身房會員證蒙上灰塵外，還有健身器材就丟在櫥櫃後面動也不動。

　　運動並不需要像這樣全有或全無的承諾。如果你過去沒有運動或從來沒有嘗試過運動課程和沒辦法規律運動，一開始不要設定不切實際的目標，是很重要的事情。剛開始時，一天花一小時在健身房運動，似乎是太大的挑戰，改成一次 10 分鐘，一星期 3-4 次，會更容易管控。一旦這很短的運動期變成習慣，你開始會感受到運動的好處，這樣對進階到下一階段的訓練會容易一些。

開始一個運動課程的要訣：

(1) 慢慢來 ── 從你感覺很舒服的活動開始，按照你自己的步調活動和讓你的期待實現。例如：從來沒有跑過馬拉松的經驗，現在開始訓練，或許會讓人畏懼，但是你可以給你自己一個目標，參加即將到來的為慈善而走的5公里活動。

(2) 把焦點放在短期目標 ── 例如改善你的情緒、能量水準和減低壓力，遠勝於那些目標，諸如：降體重或增大肌肉尺寸，通常這些要花長一點的時間才能達成。

(3) 把運動當作最優先要做的事 ── 把運動列為生活中最優先做的事，是幫助你身體和精神健康最好的事情之一，你將會長時期和運動為伍。如果你有困難把運動放進你日常的行程裡，請把它當作是你自已重要的約會，把它放進你日常行程裡。承諾運動行程，至少持續3-4周，它將變成習慣，且會強迫你自己和運動為伍。即使有忙得不可開交時，找個10分鐘在樓梯間爬上爬下運動或遛狗。

(4) 對自己輕鬆以待 ── 你曾經覺得自己體態不好嗎？ 嘗試用新的想法替代你對自己體態不好的批判。不管你的體重、年齡和體能水準如何，還有很多人和你一樣有需要運動多一點的目標。嘗試和那些和你狀況相同的人在一起，選擇和你體能水準相仿的課程，選擇比較容易的目標開始，即使是最小的體能目標也要完成，它將幫你得到身體的自信。

(5) 起伏不定是可期待的 —— 如果你跳過幾天或幾個禮拜沒有運動，不要灰心。它會發生的，只要再重新開始，慢慢建立以前的水準。

30. 老年人運動與體能，打造均衡運動計畫的秘訣？

保持活動並不是科學。請記住，混和不同型態的運動，可以同時幫助減少單調感和增進全身的健康。下列是打造老年人體能和如何可以幫助身體的四個建築磚塊總攬：

(1) 建立老年人體能的第一個建築磚塊：心肺耐力運動

① 心肺耐力運動是什麼：使用大肌肉群，在一段時間內規律地做動作。這一類的運動能夠增進運送氧氣和營養素到組織和移除代謝物，持續一段時間的能力。有氧運動會讓你的心臟跳動激烈些和呼吸急促些。

② 為什麼心肺耐力運動對老人有幫助：幫助減少疲勞和呼吸短促。藉由增進日常活動的持久性，促進了身體的獨立性，如：走路、清掃房子和跑跑腿。心肺耐力運動包括走路、爬樓梯、游泳、爬山、騎腳踏車、划船、網球和跳舞。

(2) 建立老年人體能的第二個建築磚塊：肌力訓練

① 肌力訓練是什麼：建造肌肉運用反覆的動作配合重量負荷或來自體重、器械或彈性帶等外在抗力。

② 為什麼肌力訓練對老人有幫助：幫助老年人預防肌肉質量的流失、建造肌肉和促進平衡能力 —— 保持活動和預防跌倒的危險兩者都很重要。建造肌力可以幫助老年人，比較容易過自主的生活，諸如：打開罐子、進出車子和拿起東西。

(3) 建立老年人體能的第三個建築磚塊：柔軟度

① 柔軟度是什麼：挑戰關節能做完整角度活動的能力。可以透過靜態伸展（靜止的）、彈震伸展（動的或彈跳的）保持肌肉和關節的柔軟，減少傷害的發生。

② 為什麼柔軟度對老人有幫助：幫助身體保持富有彈性和增加一般日常活動的動作活動範圍，例如：開車時看後面的狀況、綁鞋帶、洗頭髮和孫兒玩。

(4) 建立老年人體能的第四個建築磚塊：平衡

① 平衡是什麼：包括靜態（固定的）和動態（動的）平衡在內的多種狀況下，保持固定和穩定。

② 為什麼平衡對老人有幫助：改進平衡、姿勢和走路的品質，同時可以減少跌倒的危險和怕跌倒的恐懼。可以嘗試瑜珈、太極拳和姿勢運動，以獲得平衡的信心。

參考資料

參考資料

中文部分

1. 中國醫學大辭典（民98），台北市：台灣商務印書館。

2. 伍芬婕（2016，3 月 17 日）‧智慧城市「聯聯看」，誰來組隊？‧2017 年 5 月 1 日取自http://www.cw.com.tw/article/article.action?id=5075212

3. 李蘭：從衛生教育到健康促進。台灣衛誌 2001；20：1-4。

4. 李蘭等人：健康行為與健康教育。初版。台北：巨流圖書，2010。

5. 沈清良（1997）‧實用解剖學。臺北市：華杏出版社。

6. 周宏室（主編）（民99）。體育課程與教學專業，第174頁。台北市：師大書苑。

7. 周佩琪、林昭庚（民101）。中醫解剖學的歷史軌跡。中醫藥研究論叢，15，90 - 97。

8. 季鍾樸（主編）（民96）。現代中醫生理學基礎。台北市：知音。

9. 林正常（2011）。運動生理學。台北市：師大書苑。

10. 林正常、李宜芳、溫富雄、邱詩涵、蔡政霖（譯）（民101）（原著者: J. Lynch）Crative coach. 新北市：易利。

11. 林正常（編譯）（2005）Exercise Physiology（原著者：Scott K. Powers, Edward T. Howley）。台北市：藝軒圖書出版社。

12. 林晉利，（2007）‧肌力與肌耐力的訓練（健康體適能理論與實務）‧台北：華閣邦。

13. 林貴福等（2015）‧肌力訓練‧台北：禾楓。

14. 林嘉志（譯）（2013）ACSM's Guidelines for Exercise Testing and Prescription 原著者：Lippincott Williams & Wilkins）。新北市：易利圖書有限公司。

15. 柳家琪、李佳倫、李凌純、朱貞儀（譯）（民103）（原著者: S. F. Ayers & M.J. Sariscsany）Physiology education for lifelong fitness.（3rd ed.）台北市:禾楓。

16. 范聖育（2014，8 月）。應用生態系統（Ecological Model）與社會決定因子（Social Determinants）於高齡者健康促進：以運動為例‧2017年4月15日取自http://www.iog.ncku.edu.tw/riki/riki.php?id=TGF23&CID=1

17. 財團法人國家實驗研究院科技政策研究與資訊中心（2015 年 6 月 8 日）‧2020 年物聯網市場價值將達 1.7 兆美元‧2017 年 5 月 7 日取自http://iknow.stpi.narl.org.tw/Post/Read.aspx?PostID=11202

18. 國家教育研究院（民105）十二年國民基本教育課程綱要：國民中小學暨普通型高級中等學校健康與體育領域（草案）‧http://www.naer.edu.tw/ ezfiles/0/1000/attach/32/pta_10226_9204746_93804.pdf

19. 張世慧：圖解行為改變技術。初版。台北：五南圖書，2015。

20. 許樹淵（1997）。運動生物力學。臺北市：合記圖書出版社

21. 陳文長、蔡欣延、林政德、李俊杰、葉麗琴（編譯）（民95）（原著者:J.L. Stillwell & C.E. Willgoose）。The physiological education curriculum.（6th ed.）新北市：易利。

22. 陳文銓、黎俊彥、溫富雄、彭郁芬（編譯）（民93）（原著者: R. Martens）。Successful coaching.（2/e）台北市：藝軒。

23. 游祥明、宋晏仁、古宏海、傅毓秀、林光華（民105）。人體解剖學。台北市：華杏出版社。

24. 黃啓煌、王百川、林晉利、朱顏影（2016）《運動傷害與急救（四版）》9-4~9-22。

25. 楊晨欣（2013，7月29日）．智慧城市的發展關鍵．2017年5月1日取自http://www.ithome.com.tw/node/81516

26. 蔡怡汝（編譯）（民100）Atlas of human anatomy（原著者: F.H. Netter）。台北市：臺灣愛思唯爾。

27. 盧冠霖等（2005）．實用人體解剖學．台北：華格那。

28. 賴昆城（譯）（民109）（原著者: G. Thibodeau & K. Patton）Structure and function of the body（13th Ed）台北市:華騰。

29. 藍凱柔（2017，1 月 26 日）．2017 年 6 大科技趨勢預測：人工智慧、雲端平台、區塊鏈是發展關鍵．2017 年 5 月 1 日取自https://buzzorange.com/techorange/2017/01/26/2017-technologies-trends/

英文部分

1. American College of Sports Medicine（1998）Position Stand. The recommend quantity and quality of exercise for developing and maintaining cardiorespiratory and muscular fitness, and flexibility in healthy adults. Med Sci Sports Exerc. 30, 975-991.

2. American College of Sports Medicine（2002）Position Stand. Progression models inresistance training for health adults. Med Sci Sports Exerc. 34,364-380

3. American College of Sports Medicine.（2000）. ACSM's guidelines for exercise testing and prescription（6th ed.）. Philadelphia, PA: Lippincott Williams & winkins

4. American College of Sports Medicine.（2010a）. ACSM certification review（3rd ed.）.Philadelphia, PA: Lippincott Williams & Wikins.

5. Aoi, W., Naito, Y., & Yoshikawa, T（2011）Dietary exercise as a novel strategy for prevention and treatment of metabolic syndrome: effects on skeletal muscle function. Journal Nutr Metab, 2011:676208.

6. Badura, B.（1984）. Life-style and health: Some remarks on different viewpoints. Social Science and Medicine, 19:341-7.

7. Baechle T. R. &Earle，R.W.（2005）．Essentials Strength Training and Condition（林正常等譯）台北：藝軒。

8. Bandura, A,（1997）. Self-efficacy: The Exercise of Control. New York: W. H. Freeman.

9. Bandura, A.（1986）. Social Foundations of Thought and Action. englewood Cliffs, new Jersey: Prentice-Hall.

10. Bandura, A.（2001）. Social cognitive theory: An agentive perspective. Annual Review of Psychology, 52, 1-26.

11. Bankoski, A., Harris, T. B., McClain, J. J., Brychta, R. J., Caserotti, P., Chen, K. Y., . . . Koster, A.（2011）Sedentary activity associated with metabolic syndrome independent of physical activity. Diabetes Care, 34（2）, 497-503. doi:10.2337/dc10-0987

12. Bowling, A.（1995）. What things are important in people's lives? A survey of the public's judgements

to inform scales of health related quality of life. Social Science & Medicine, 41（10）, 1447-1462.

13. Bronfenbrenner, Urie（1979）. The Ecology of Human Development: Experiments by Nature and Design. Cambridge, MA: Harvard University Press. ISBN 0-674-22457- 4.

14. Bronfenbrenner,U.（1992）.Ecological systems theory: Revised formulations and current Issues In Vasta,R.（Ed）.Six theories of child development. Great Britain: Jessica Kingsley Publishers Ltd.

15. Bronfenbrenner,U.（1997）.Ecological system theory in Ross Vasta（eds）.Six theories of child development.（p.187-249）. Jessica Kingsley Publishes,London and Bristol, Pennysylvania.

16. Cary Kamem（2007）．基礎運動科學（謝伸裕譯）．台北：易利。

17. Cruz-Jentoft, A. J., Baeyens, J. P., Bauer, J. M., Boirie, Y., Cederholm, T., Landi,

18. Dahlgren G, Whitehead M. 1991. Policies and Strategies to Promote Social Equity in Health. Stockholm, Sweden: Institute for Futures Studies.

19. F. Zamboni, M.（2010）. Sarcopenia: European consensus on definition and diagnosis: Report of the European Working Group on sarcopenia in older people. Age and Ageing, 39（4）, 412-423.

20. Ford, E. S., & Caspersen, C. J.（2012）Sedentary behaviour and cardiovascular disease: a review of prospective studies. Int J Epidemiol, 2012（41）, 1338-1353.

21. Glanz, K., Lewis, F. M., & rimers, B. K.（eds.）.（1990）. Health Behavior and Health Education: Theory, Research, and Practice. san Francisco, CA: Jossey-Bass. 2

22. Glanz, K., Rimer, B.K. & Lewis, F.M.（2002）. Health Behavior and Health Education. Theory, Research and Practice. San Fransisco: Wiley & Sons.

23. Gochman, D. S.（1982）. Labels, Systems, and Motives: Some Perspectives on Future Research. Health Education Quarterly, 9, 167–174.

24. Gochman, D. S.（1997）.Health Behavior Research: Definitions and Diversity. In D. S. Gochman（ed.）, Handbook of Health Behavior Research, Vol. I. Personal and Social Determinants. New York: Plenum Press.

25. Grzywacz, J. G., & Fuqua, J.（2000）. The social ecology of health: leverage points and linkages. Behavioral Medicine, 26（3）, 101-115.

26. Gunstream, S.E.（2017）Anatomy and Physiology with integrated study guild（5th Ed）. New York: McGraw Hill.

27. Haskell W.L., Minn L.I., Pate R.R., et al（2007）Physical activity and public health: update recommendations from the American College of Sports Medicine and the American Heart Association. Med Sci Sports Exer. 39（8）, 1423-34.

28. International journal of health care quality assurance, 21（4）, 365-373.

29. Irvine, L., Elliott, L. et al.（2006）. "A review of major influences on current public health policy in developed countries in the second half of the 20thcentury." J R Soc Health 126:73-8.

30. Kasl, S. V., and Cobb, S.（1966a）Health Behavior, Illness Behavior, and Sick-Role Behavior: I. Health

and Illness Behavior. Archives of Environmental Health, 12, 246–266.

31. Kasl, S. V., and Cobb, S.（1966b）Health Behavior, Illness Behavior, and Sick-Role Behavior: II. Sick-Role Behavior.〞Archives of Environmental Health, 12, 531–541.

32. Kazarian, S. S., & Evans, D. R.（2001）. Health psychology and culture: Embracing the 21st century. In S. S. Kazarian & D. R. Evans（Eds.）, Handbook of cultural health psychology（pp. 3-43）. San Diego: Academic Press.

33. Kraemer, W. J., Patton, J. F., & Gordon, S. E.（1995）. Compatibility of high intensity

34. Lee, Rich.（2013）。台灣「首席架構師」能量建置推動初探。2013-01-01。https://richchihlee.wordpress.com/category/%E4%BC%81%E6%A5%AD%E6%9E% B6%E6%A7%8B/

35. Malafarina, V., Uriz-Otano, F., Iniesta, R., & Gil-Guerrero, L.（2012）. Sarcopenia in

36. McLeroy, K. R., Bibeau, D., Steckler, A., & Glanz, K.（1988）. An ecological perspective on health promotion programs. Health Education & Behavior, 15（4）, 351-377.

37. National Strenght and Conditioning Association（2015）．Stength Training．劉錦謀等譯 台北：禾楓。

38. Parkerson, G., and others.（1993）.Disease-Specific Versus Generic Measurement of Health-Related Quality of Life in Insulin Dependent Diabetic Patients. Medical Care, 31, 629–637.

39. Perry, C. L., Barnowski, t., & Parcel, G. s.（1990）. How individuals, environments, and health behavior interact: social learning theory. in K. Glanz, F. M. Lewis & B. K. rimer（eds.）, Health Behavior and Health Educaiton: Theory Research and Practice. san Francisco, CA: Jossey-Bass.

40. Prochaska, J., Johnson, S., & Lee, P.（1998）. The transtheoretical model of behavior change. In S. Schumaker, E. Schron, J. Ockene & W. McBee（eds.）, The Handbook of Health Behavior Change, 2nd ed. new York, nY: springer.

41. Putz, R. & Pabst, R.（2006）Sobotta Atlas of Human Anatomy.（14th Ed, trans by S. Bediui）: München, Germany: Urban & Fisher, Elsevier GmbH.

42. Sajid, M. S., Tonsi, A., & Baig, M. K.（2008）. Health-related quality of life measurement.

43. Sampson, R. J., Raudenbush, S. W., & Earls, F.（1997）. Neighborhoods and violent crime: A multilevel study of collective efficacy. Science, 277（5328）, 918-924.

44. Schulz, A., & Northridge, M. E.（2004）. Social determinants of health: implications for environmental health promotion. Health Education & Behavior, 31（4）, 455-471.

45. Silverthron, D.U.（2016）Human physiology: an integrated approach.（7th Ed.）, San Francisco: Person.

46. strength and endurance training on hormonal and skeletalmuscle adaptations. Journal of Applied Physiology, 78（3）, 976-989.

47. the elderly: Diagnosis, physiopathology and treatment. Maturitas, 71, 109-114.

48. The Encyclopedia Americana（1984a）Grolier Incorporated, Danbury, Connecticut, 2, 779.

49. The Encyclopedia Americana（1984b）Grolier Incorporated, Danbury, Connecticut, 22, 57.

50. WHO.（1948）. Preamble to the constitution of the World Health Organization as adopted by the international health conference. New York.

51. Witte, K.（1997）. research review theory-based interventions and evaluations of outreach efforts [electronic version]. Planning and Evaluating Information Outreach among Minority Communities: Model Development Based on Native Americans in the Pacific Northwest. retrieved January 29, 2006 from http://nnlm.gov/archive/pnr/eval/witte.html.

52. Wood, C.（1982）. Culture, life-style, and chromic disease. World Health Forum, 3:445-49.

53. Zanna, M. P., & rempel, J. K.（1988）. Attitudes: A new look at an old concept. in d. Bartal & A. W. Kruglanski（eds.）, The social psychology of knowledge, 315–334. Cambridge, uK: Cambridge university Press.

圖片來源

1. 圖1-1 http://washington.tiffin.k12.oh.us/subsites/Angie-Ellis/Tips-to-Help-Your-Family-Become-More-Physically-Active/Incorporating-More-Physical-Activity-into-Your-Familys-Lifestyles-Tips/index.html

2. 圖1-2 https://i.pinimg.com/originals/9e/d8/91/9ed8915873b7ff889e35eee1e6f4d1ad.png

3. 圖1-3 http://physiologyonline.physiology.org/content/nips/28/5/330/F2.large.jpg

4. 圖1-4 https://i.ytimg.com/vi/hj7SyhyatUQ/maxresdefault.jpg

5. 圖1-5 https://image.slidesharecdn.com/frombehaviourchangetopublichealthimprovementre-aimingourefforts-140307033949-phpapp01/95/from-behaviour-change-to-public-health-improvement-re-aiming-our-efforts-5-638.jpg?cb=1394165347

6. 圖1-6 http://www.474150.org/wp-content/uploads/2015/06/fitness-test-guide.png

7. 圖1-7 https://i.pinimg.com/originals/ed/67/b0/ed67b0b93756dfe046fdebc342c782ab.jpg

8. 圖1-8 https://sharonlboggs.files.wordpress.com/2013/05/movement-across-the-curriculum-physical-education-blog_page_15.jpg

9. 圖1-9 Pixabay

10. 圖1-10 Pixabay

11. 圖1-11 Pixabay

12. 圖2-1 http://frontalcortex.com/?page=oll&topic=1495&qid=1569

13. 圖2-2 www.healthtap.com

14. 圖2-3 http://www.pregnancysymptomsweekbyweek.org

15. 圖2-4 http://www.shapesense.com

16. 圖2-5 http://www.taopic.com

17. 圖2-6 https://organicsnewsbrasil.com.br/blogs/blog-inspiracao-e-movimento/o-volante-e-estrada-da-serra-da-mantiqueira-como-terapia-e-nao-arma/attachment/alongamento/

18. 圖2-7 http://www.liberty-chiro.jp

19. 圖2-8 http://www.personal.psu.edu

20. 圖2-9 http://www.maloneyperformance.com

21. 圖2-10 https://sites.google.com/site/demi871023/sheng-wu/ji-chu-sheng-wu-shang/di-san-zhang-dong-wu-de-gou-zao-yu-gong-neng/3-5-gan-ying-yu-xie-diao

22. 圖2-11 Pixabay

23. 圖2-12 Pixabay

24. 圖3-1 Freepik

25. 圖3-2 Freepik

26. 圖3-3 Freepik

27. 圖3-4 Freepik

28. 圖3-5 https://www.pinterest.com/pin/438467713695870725/

29. 圖4-1 作者提供

30. 圖4-2 http://www.robotpark.com/academy/robotic-mechanisms-levers/

31. 圖4-3作者提供

32. 圖4-4 http://www.robotpark.com/academy/robotic-mechanisms-levers/

33. 圖4-5作者提供

34. 圖4-6 http://www.robotpark.com/academy/robotic-mechanisms-levers/

35. 圖4-7 https://www.slideshare.net/NabapallabDeka/introduction-to-analysis-of-strain-and-strain-in-human-bone

36. 圖4-8 http://archer-king.blogspot.tw/2015/04/blog-post.html

37. 圖4-9 http://legacy.owensboro.kctcs.edu/gcaplan/anat/notes/API%20Notes%20J%20Complete%20Muscle%20Contraction.htm

38. 圖4-10 http://legacy.owensboro.kctcs.edu/gcaplan/anat/notes/API%20Notes%20J%20Complete%20Muscle%20Contraction.htm

39. 圖4-11 https://www.memorangapp.com/flashcards/61733/Upper+extremity+muscles%2Ftendons+function/

40. 圖4-12 http://www.pt.ntu.edu.tw/hmchai/BM03/BMmaterial/Muscle.htm

41. 圖4-13 http://fitness-science.org/force-velocity-relationship/

42. 圖4-14 https://clinicalgate.com/muscle-the-primary-stabilizer-and-mover-of-the-skeletal-system/

43. 圖4-15 https://www.scientistcindy.com/anatomical-positions.html

44. 圖4-16 全華提供

45. 圖5-1 Pixabay

46. 圖5-2 http://www.aleanjourney.com/2013/04/both-attitude-and-behavior-change-are.html

47. 圖5-3 https://www.studyblue.com/notes/note/n/exam-3/deck/93254

48. 圖5-4 http://www.bhru.iph.cam.ac.uk/research/physical-environment/

49. 圖5-5 https://www.al-consulting.co.uk/stages-personal-behaviour-change/

50. 圖5-6 Pixabay

51. 圖5-7 Pixabay

52. 圖6-1 Pixabay

53. 圖6-2 Pixabay

54. 圖6-3 Pixabay

55. 圖6-4 Pixabay

56. 圖6-5 Pixabay

57. 圖6-6 Pixabay

58. 圖6-7 https://media1.popsugar-assets.com/files/thumbor/6WQ3bxwIt8cxTQJHzGjqB869Wvc/fit-in/1024x1024/filters:format_auto-!!-:strip_icc-!!-/2015/04/08/008/n/1922729/f97b7840_Core-Full-Sit-Ups/i/Sit-Up.jpg

59. 圖6-8 Pixabay

60. 圖6-9 Pixabay

61. 圖6-10 Pixabay

62. 圖6-11 https://sites.duke.edu/centerforaging/files/2017/11/Enrollment-B-1Male-One-Leg-Stand.jpg

63. 圖6-12 https://i.ytimg.com/vi/hIigNquv6Do/maxresdefault.jpg

64. 圖6-13 http://mccarterhealthcenter.com/clients/2479/images/Physical_Therapy/SFT_Arm_Curl.bmp

65. 圖6-14 http://mccarterhealthcenter.com/clients/2479/images/Physical_Therapy/SFT_Chair_Stand_Test.bmp

66. 圖6-15 http://mccarterhealthcenter.com/clients/2479/images/Physical_Therapy/SFT_Chair_Sit_and_reach_test.bmp

67. 圖6-16 http://mccarterhealthcenter.com/clients/2479/images/Physical_Therapy/SFT_Back_Scratch_Test.bmp

68. 圖6-17 http://mccarterhealthcenter.com/clients/2479/images/Physical_Therapy/SFT_8ft_Up_and_Go_Test.bmp

69. 圖7-1 全華提供

70. 圖7-2 《強肌力教主彭淑美教你練核心肌群》彭淑美著

71. 圖7-3 《強肌力教主彭淑美教你練核心肌群》彭淑美著

72. 圖7-4 http://mypaper.pchome.com.tw/angie_lei/post/1322923167

73. 圖7-5 作者提供

74. 圖7-6 《強肌力教主彭淑美教你練核心肌群》彭淑美著

75. 圖7-7 全華提供

76. 圖7-8 http://mypaper.pchome.com.tw/angie_lei/post/1322923167

77. 圖8-1 https://www.pinterest.com/pin/31032684912644705/visual-search/?x=16&y=7&w=530&h=228

78. 圖8-2 https://cdn-59bd6cf5f911c923e82ee0ee.closte.com/wp-content/uploads/sites/29/2014/11/PE-Road-to-Physical-Fitness-e1416340735592.jpg

79. 圖9-1 http://www.thewellnessrn.com/wp-content/uploads/sites/57/2015/02/Kalamazoo-personal-health-wellness-coaching.jpg

80. 圖9-2 https://northdallasgazette.com/wordpress/wp-content/uploads/2013/04/wellness2.jpg

81. 圖9-3 http://essentialbodyworkandwellness.com/wp-content/uploads/LOO_5areas_2600w.png

82. 圖9-4 https://assets.publishing.service.gov.uk/government/uploads/system/uploads/image_data/file/54516/6.2368_PHE_CP_Health_Matters_-_physical_activity_in_adults_online_960x640__9_v2.png

83. 圖9-5 https://acewebcontent.azureedge.net/marquees/core/2015/PT-Steps7-Header.jpg

84. 圖10-1 https://thehealthjunction.wordpress.com/

85. 圖10-2 http://slideplayer.com/slide/6300971/

86. 圖10-3 作者提供

87. 圖10-4 作者提供

88. 圖10-5 作者提供

89. 圖10-6 作者提供

90. 圖11-1 Pixabay

91. 圖11-2 http://www.sportsmd.com/wp-content/uploads/2015/01/PRICE-protection-rest-ice-compression-elevate.jpg

92. 圖11-3 http://graphics.fansonly.com/schools/tcu/graphics/facilities-walsh-844x400.jpg

運動健康科學概論

作　　者 / 蘇俊賢、彭淑美、彭賢德、張又文、陳順義、張瀞文、
　　　　　唐慧媛、戴旭志、劉宏祐、祁業榮、蔡瀚輝
發 行 人 / 陳本源
執行編輯 / 梁嘉倫
封面設計 / 蕭暄蓉
出 版 者 / 全華圖書股份有限公司
郵政帳號 / 0100836-1 號
印 刷 者 / 宏懋打字印刷股份有限公司
圖書編號 / 08257
初版一刷 / 2018 年 6 月
定　　價 / 新臺幣 300 元
I S B N / 978-986-463-799-7
全華圖書 / www.chwa.com.tw
全華網路書店 Open Tech / www.opentech.com.tw
若您對書籍內容、排版印刷有任何問題，歡迎來信指導 book@chwa.com.tw

臺北總公司（北區營業處）
地址：23671 新北市土城區忠義路 21 號
電話：(02) 2262-5666
傳真：(02) 6637-3695、6637-3696

南區營業處
地址：80769 高雄市三民區應安街 12 號
電話：(07) 381-1377
傳真：(07) 862-5562

中區營業處
地址：40256 臺中市南區樹義一巷 26 號
電話：(04) 2261-8485
傳真：(04) 3600-9806

歡迎加入 全華會員

● 會員獨享

會員享購書折扣、紅利積點、生日禮金、不定期優惠活動⋯等。

● 如何加入會員

填妥讀者回函卡直接傳真 (02) 2262-0900 或寄回，將由專人協助登入會員資料，待收到 E-MAIL 通知後即可成為會員。

如何購書 全華書籍

1. 網路購書

全華網路書店「http://www.opentech.com.tw」，加入會員購書更便利，並享有紅利積點回饋等各式優惠。

2. 全華門市、全省書局

歡迎至全華門市（新北市土城區忠義路 21 號）或全省各大書局、連鎖書店選購。

3. 來電訂購

(1) 訂購專線：(02) 2262-5666 轉 321-324
(2) 傳真專線：(02) 6637-3696
(3) 郵局劃撥（帳號：0100836-1　戶名：全華圖書股份有限公司）
※ 購書未滿一千元者，酌收運費 70 元。

OpenTech.com.tw 全華網路書店

全華網路書店 www.opentech.com.tw
E-mail: service@chwa.com.tw

※ 本會員制如有變更則以最新修訂制度為準，造成不便請見諒。

讀者回函卡

填寫日期： ／ ／

姓名： 生日：西元 年 月 日 性別：□男 □女

電話：（ ） 傳真：（ ） 手機：

e-mail： (必填)

註：數字零，請用 Φ 表示，數字1與英文L請另註明並書寫端正，謝謝。

通訊處：□□□□□

學歷：□博士 □碩士 □大學 □專科 □高中·職

職業：□工程師 □教師 □學生 □軍·公 □其他

學校/公司： 科系/部門：

· 需求書類：

□ A. 電子 □ B. 電機 □ C. 計算機工程 □ D. 資訊 □ E. 機械 □ F. 汽車 □ I. 工管 □ J. 土木

□ K. 化工 □ L. 設計 □ M. 商管 □ N. 日文 □ O. 美容 □ P. 休閒 □ Q. 餐飲 □ B. 其他

· 本次購買圖書為： 書號：

· 您對本書的評價：

封面設計：□非常滿意 □滿意 □尚可 □需改善，請說明

內容表達：□非常滿意 □滿意 □尚可 □需改善，請說明

版面編排：□非常滿意 □滿意 □尚可 □需改善，請說明

印刷品質：□非常滿意 □滿意 □尚可 □需改善，請說明

書籍定價：□非常滿意 □滿意 □尚可 □需改善，請說明

整體評價：請說明

· 您在何處購買本書？

□書局 □網路書店 □書展 □團購 □其他

· 您購買本書的原因？（可複選）

□個人需要 □幫公司採購 □親友推薦 □老師指定之課本 □其他

· 您希望全華以何種方式提供出版訊息及特惠活動？

□電子報 □DM □廣告 (媒體名稱)

· 您是否上過全華網路書店？ (www.opentech.com.tw)

□是 □否 您的建議

· 您希望全華出版那方面書籍？

· 您希望全華加強那些服務？

～感謝您提供寶貴意見，全華將秉持服務的熱忱，出版更多好書，以饗讀者。

全華網路書店 http://www.opentech.com.tw 客服信箱 service@chwa.com.tw

2011.03 修訂

親愛的讀者：

感謝您對全華圖書的支持與愛護，雖然我們很慎重的處理每一本書，但恐仍有疏漏之
處，若您發現本書有任何錯誤，請填寫於勘誤表內寄回，我們將於再版時修正，您的批評
與指教是我們進步的原動力，謝謝！

全華圖書 敬上

勘 誤 表

書 號		書 名	作 者
頁 數	行 數	錯誤或不當之詞句	建議修改之詞句

我有話要說： (其它之批評與建議，如封面、編排、內容、印刷品質等・・・)

得　分

學後評量——
運動健康科學概論
第 1 章
緒論

班級：＿＿＿＿ 學號：＿＿＿

姓名：＿＿＿＿＿＿＿

填充每題5分，申論每題15分

一、填充題

1. 科學 (science) 一詞源於拉丁文 (Scientia)，其原意是指＿＿＿＿＿＿＿＿＿＿＿＿＿、
＿＿＿＿＿＿＿＿＿＿＿＿＿，這是科學一詞最基本也最簡單的含義。

2. ＿＿＿＿＿＿＿＿＿，包括身體的盡力使用、即興動作和燃燒熱量等要素。

3. ＿＿＿＿＿＿＿＿是指任何活動具備某種形式的身體的盡力使用、即興動作和燃燒
熱量等要素。這些活動導致人體做功，比平常要多一點。

4. 全人健康的內涵是多面向，比較受歡迎的模型涵蓋六大面向：＿＿＿＿＿＿＿＿
、職業的 (Occupational)、精神上的 (Spiritual)、＿＿＿＿＿＿＿＿、知識上的
(Intellectual) 和＿＿＿＿＿＿＿＿等。

5. 運動健康是包括＿＿＿＿＿＿＿＿的主題，同時也是 e 世代人類＿＿＿＿＿＿＿＿
的主題。

二、申論題

1. 請討論科學的定義與內涵為何？
答：

2. 請討論 Sport、Exercise、Physical Activity、Health、Wellness 等用字的意涵，並舉例
說明。
答：

3. 請搜尋相關文獻，說明全人健康 (Wellness) 的六大面向：社會的 (Social)、職業的 (Occupational)、精神上的 (Spiritual)、身體上的 (Physical)、知識上的 (Intellectual) 和情緒上的 (Emotional) 內涵。

答：

4. 運動健康是包括多重領域的主題，同時也是 e 世代人類生活相關的主題，請列舉其領域主題及生活相關主題。

答：

5. 您選修運動健康科學概論課程，心中期待獲得什麼？

答：

學後評量——
運動健康科學概論

班級：＿＿＿　學號：＿＿＿

姓名：＿＿＿＿＿＿＿

第 2 章
解剖生理學在運動與健康體能之應用

填充每題5分，申論每題15分

一、填充題

1. 解剖學 (Anatomy) 是從觀察及描述人體的＿＿＿＿＿＿＿入手，進一步細究其構造，並將相關知識系統化的學問，簡言之，就是研究人體＿＿＿＿＿＿＿＿＿和＿＿＿＿＿＿＿＿＿的科學。

2. 生理學 (Physiology) 的意思是自然 (nature) 或起源 (origin)，而 ology 則是指對某方面的研究 (study of)，故傳統的生理學主要探討生物如何＿＿＿＿＿＿＿＿＿並＿＿＿＿＿＿＿＿＿。

3. 人體生理學 (Human Physiology) 是透過＿＿＿＿＿＿＿、＿＿＿＿＿＿＿與＿＿＿＿＿＿＿的語彙，說明人體從分子到個體的各個層級構造之運作機轉 (mechanisms) 與功能，甚至各構造之間的＿＿＿＿＿＿＿影響，以及各種生命現象如何維持＿＿＿＿＿＿＿，以維持一種動態的正常生命狀態。

4. 中醫生理學以＿＿＿＿＿＿＿、＿＿＿＿＿＿＿爲人體的基本元素，將人體結構和功能區分爲＿＿＿＿＿＿＿、＿＿＿＿＿＿＿、＿＿＿＿＿＿＿三類，互相聯繫以平衡協調，最終維持人體正常生命狀態。

5. Silverthron D. 提出之生理學七大主題爲：＿＿＿＿＿＿＿、＿＿＿＿＿、＿＿＿＿＿＿＿、＿＿＿＿＿＿＿、＿＿＿＿＿＿＿，以及＿＿＿＿＿＿＿。

二、申論題

1. 請討論解剖學的定義及其範疇。

答：

（請沿虛線撕下）

2. 請討論生理學的定義及其範疇。

　　答：

3. 請討論運動解剖學與大體解剖學之異同。

　　答：

4. 請討論運動生理學與人體生理學之異同。

　　答：

5. 搜尋網際網路人體解剖、生理學之自學應用程式，並討論其異同。

　　答：

得　分

學後評量——
運動健康科學概論
第 3 章
運動生理學在運動與健康體能之應用

班級：＿＿＿＿ 學號：＿＿＿

姓名：＿＿＿＿＿＿＿＿

填充每題5分，申論每題25分

一、填充題

1. 在預防及復健的運動處方中，找出能產生有效反應的最適當運動量是一個很重要關鍵，亦即＿＿＿＿＿＿＿＿反應。適當的＿＿＿＿＿＿＿＿必須要能引起效果反應，這和醫師需要瞭解藥物的類型、劑量及時段來治療疾病的道理是一樣的。

2. 運動量是由運動的＿＿＿＿＿＿＿＿、＿＿＿＿＿＿＿＿和＿＿＿＿＿＿＿＿來共同決定，而運動量又因其運動型態有所不同，因此在從事運動前先決定運動型態，再來考慮其運動量。

3. 以有氧運動型態（心肺耐力訓練）為其運動型態時，在訂定運動強度時通常都是以＿＿＿＿＿＿＿＿、＿＿＿＿＿＿＿＿、年齡推算的＿＿＿＿＿＿＿＿，或＿＿＿＿＿＿＿＿為依據。

4. 阻力訓練的目標是增加或維持肌力、肌耐力、去脂體重及骨質密度。設計阻力訓練計畫時，必須先決定每一項運動的阻力，通常以＿＿＿＿＿＿＿＿呈現。

5. 為了提高肌力、質量，及在某種程度上提高肌耐力，阻力訓練中一組的動作重複次數應該為＿＿＿＿＿＿＿＿次，換算成阻力強度大約為 1RM 的＿＿＿＿％，每一個肌群訓練＿＿＿＿＿＿＿＿組，可以採用同一動作來完成這些組數，也可以由動員同一肌群的不同動作結合完成，組間休息＿＿＿＿＿＿＿＿分鐘。如果阻力訓練目的主要提高肌耐力，而不是增加最大肌力和質量，其強度主要以不超過 1RM 的＿＿＿＿＿＿＿＿％，重複次數＿＿＿＿＿＿＿＿次，每一個肌群訓練＿＿＿＿＿＿＿＿組，縮短組間休息時間的訓練方法。

6. 以消耗多少卡路里 (kcal) 來設定時，美國運動醫學會 (ACSM) 和美國心臟病協會（AHA），建議每週至少透過體力活動和運動消耗＿＿＿＿＿＿＿＿的熱量，此體力活動量大約相當於每週運動＿＿＿＿＿＿＿＿分鐘或每日＿＿＿＿＿＿＿＿分鐘。

7. ＿＿＿＿＿＿＿＿是運動能量的消耗需要一個簡單的單位表示方法，是指一個健康成年人安靜坐著時的能量代謝水平。

8. 一位 70 公斤的個體，以 5 mph（12 分 / 英哩）從事跑步運動 30 分鐘，其能量消耗 _____Kcal。

9. 在坡度 10% 的原地跑步機上以 3.5mph 的速率走路，其相對耗氧量為_____ _____。

10. 假設你的客戶體重 80 Kg，需要以 6METs 的強度運動，踩踏頻率為 50RPM，原地腳踏車的組力應設為_____ Kg。

二、申論題

1. 試列出增進心肺功能最佳的運動頻率、強度及持續時間。

   答：

2. 某人之最大心跳率為 180 次 / 分，安靜心跳率為 70 次 / 分，試以儲備心跳率保留法與最大心跳率百分比法計算其目標心跳率（預期強度 60-80%）。

   答：

得　分

學後評量──
運動健康科學概論

班級：＿＿＿　學號：＿＿＿

姓名：＿＿＿＿＿＿＿＿

第 4 章
運動生物力學在運動與健康體能之應用

填充每題5分，申論每題15分

一、填充題

1. 槓桿作用方面，能夠將骨骼系統視為簡單的機械 (Machine)，依循著力學的槓桿原理來運作，當作用力力臂大於阻力力臂時，較＿＿＿＿＿＿＿＿＿＿＿；當作用力力臂小於阻力力臂時，較＿＿＿＿＿＿＿＿＿。

2. ＿＿＿＿＿＿＿＿＿細胞負責骨質的破壞與再吸收，它在骨固定不用、微重力或者無重力時，會增生；＿＿＿＿＿＿＿＿＿細胞負責骨質的生成，它在骨負重時，會增生。骨需要＿＿＿＿＿＿＿＿來長成與強化，因為＿＿＿＿＿＿＿＿能促進成骨細胞的生成，以增加骨質密度。

3. ＿＿＿＿＿＿＿＿＿藉由肌腱與骨骼相連，它的收縮帶動骨骼，運動訓練會影響它的活動度、強度和代謝能力。它的結構由大到小分別是＿＿＿＿＿＿＿＿＿＿＿、＿＿＿＿＿＿＿＿＿、＿＿＿＿＿＿＿＿＿、＿＿＿＿＿＿＿＿＿、＿＿＿＿＿＿＿＿＿。

4. ＿＿＿＿＿＿＿＿＿是指與動作肌作用相反的肌肉，因為它們位於動作肌的對側，所以也稱為對側肌。它進行兩種功能：

   (1) 它＿＿＿＿＿＿＿＿讓動作不受阻礙；

   (2) 在將近完成動作時，它收縮執行像是＿＿＿＿＿＿＿＿的功能，以保護關節。

5. ＿＿＿＿＿＿＿＿收縮（朝肌肉中央）發生於動作肌用力，當肌肉力量大於外在阻力（如重力）時，將附著處的人體肢段接近另一附著處的人體肢段，肌肉長度縮短；＿＿＿＿＿＿＿＿收縮（遠離肌肉中央）發生於動作肌用力，當外在阻力（如重力）比肌肉力量大時，將附著處的人體肢段遠離另一附著處的人體肢段，肌肉長度伸長。

二、申論題

　　1. 請討論運動生物力學的定義為何？並舉例說明其應用。

　　　　答：

　　2. 請討論三種不同的槓桿類型為何？並舉例說明。

　　　　答：

　　3. 請討論向心收縮、離心收縮、等長收縮等意涵，並舉例人體動作說明。

　　　　答：

　　4. 請討論說明影響肌肉力量的運動生物力學要素。

　　　　答：

　　5. 請討論人體運動三個參考面的定義，並舉例人體動作說明。

　　　　答：

得　分

學後評量——
運動健康科學概論

第 5 章
健康行為改變

班級：　　　　學號：　　　

姓名：　　　　　　　　　

填充每題5分，申論每題15分

一、填充題

1. 根據加拿大衛生福利部長 Lalonde 提出的健康促進概念指出，健康促進除了強調健康照護（醫療照護體系）外，也需要注意＿＿＿＿＿＿＿、環境品質與人類生物基因等都是影響人類健康的因子。

2. 人們的行為表現與生活方式也會受到＿＿＿＿＿＿＿、＿＿＿＿＿＿＿與＿＿＿＿＿＿＿影響。

3. 在描述健康行為時會區分＿＿＿＿＿＿＿行為與＿＿＿＿＿＿＿行為。

4. 健康行為不僅包括可觀察的＿＿＿＿＿＿＿，而且包括可以報告和測量的＿＿＿＿＿＿＿和＿＿＿＿＿＿＿。

5. 人類的行為多樣化且複雜，也會因不同的＿＿＿＿＿＿＿、＿＿＿＿＿＿＿、＿＿＿＿＿＿＿或其他干擾因子而有所不同。以廣泛的行為改變影響因素來說，行為改變因素可歸類＿＿＿＿＿＿＿、＿＿＿＿＿＿＿、＿＿＿＿＿＿＿與＿＿＿＿＿＿＿因素。

二、申論題

1. 健康行為可分為哪三類？以及討論三類健康行為之間不同定義？

答：

2. 請討論行為改變的關鍵要素有哪些？並說明其定義與行為改變策略？

答：

3. 何謂社會認知理論？以及說明社會認知理論的重要概念與可能爲干預行爲變化的應
用？

答：

4. 請說明跨理論模式的不同階段？並討論如何應用合適的策略，成功介入健康行爲改
變過程？

答：

5. 您選修運動行爲改變課程，心中期待獲得什麼？

答：

班級：＿＿＿＿＿學號：＿＿＿

姓名：＿＿＿＿＿＿＿＿

填充每題5分，申論每題15分

一、填充題

1. 健康體適能包括＿＿＿＿＿＿＿＿＿＿、＿＿＿＿＿＿＿＿＿＿及＿＿＿＿＿＿＿＿＿＿、
＿＿＿＿＿＿＿＿＿＿、＿＿＿＿＿＿＿＿＿＿四個要素。

2. 身體質量指數 (BMI) 是＿＿＿＿＿＿＿＿＿＿除以＿＿＿＿＿＿＿＿＿＿。

3. 三分鐘登階測驗的體力指數公式為，體力指數＝$\dfrac{(\underline{\qquad}) \times 100}{(\underline{\qquad}) \times 2}$，主要目的
是在測量＿＿＿＿＿＿＿＿＿＿。

4. 根據維基百科 (2017) 針對體適能（Physical Fitness）一詞的字面解釋為身體適應外界
環境之能力，可視為身體適應＿＿＿＿＿＿＿＿＿＿、＿＿＿＿＿＿＿＿＿＿與＿＿＿＿＿
＿＿＿＿＿＿的綜合能力。

5. 體適能可分為＿＿＿＿＿＿＿＿＿＿體適能及＿＿＿＿＿＿＿＿＿＿體適能，兩者相互
聯繫，而＿＿＿＿＿＿＿＿＿＿體適能是所有體適能的基礎。

二、申論題

1. 何謂體適能？

答：

2. 試述身體組成的測量方法？

答：

3. 銀髮族功能性體適能檢測包含哪些？

答：

4. 經由本章體能評估的介紹，您可以敘述一下進行體能評估有哪些好處？

答：

5. 藉由閱讀本章，您可以對自己或其他人進行簡單的體能檢測及體能評估嗎？

答：

得　分

學後評量──
運動健康科學概論

班級：＿＿＿　學號：＿＿＿

第 7 章
肌力與體能

姓名：＿＿＿＿＿＿＿

填充每題5分，申論每題17分

一、填充題

1. ＿＿＿＿＿＿＿＿＿＿、＿＿＿＿＿＿＿＿＿＿、＿＿＿＿＿＿＿＿＿＿等身體肌肉系統會因運動時的牽拉刺激共同作用幫助完成身體活動，而促使身上所有健康系統提升。

2. 運動使骨骼肌反覆牽拉刺激，使肌肉纖維變大，主要因素是適當的運動，使肌細胞＿＿＿＿＿＿＿＿＿＿增多及＿＿＿＿＿＿＿＿＿＿內＿＿＿＿＿＿＿＿＿＿比例增大，而使肉纖維產生活動性的肥大而增加肉質量。

3. 阻力訓練不只增生肌肉，其作用是所產生的新生力量會傳達訊息到人體所有組織系統，使全身細胞活躍，如：＿＿＿＿＿＿＿＿＿＿系統、＿＿＿＿＿＿＿＿＿＿系統、＿＿＿＿＿＿＿＿＿＿系統。

二、申論題

1. 所謂的體能包含哪些身體的動能？

答：

2. 請指出肌力下降之原因？

答：

3. 請解釋肌少症與健康之關係。

　答：

4. 肌力產生時如何產生其化學能源？

　答：

5. 運動訓練促使肌肉生長，最主要來自哪些肌肉生理機能的變化？

　答：

得　分

學後評量
運動健康科學概論

班級：＿＿＿　學號：＿＿＿

第 8 章

運動課程設計

姓名：＿＿＿＿＿＿＿

填充每題5分，申論每題15分

一、填充題

1. 本書所指的課程是針對人體身體活動的＿＿＿＿＿＿＿或＿＿＿＿＿＿＿。

2. 本書所指的＿＿＿＿＿＿＿則表示「課程」是非隨興的，必須對其內容與實施程序有所構思與評價，還要兼顧教學者與學習者之間的互動。

3. 體育課程的模式理論若由價值取向 (value orientation) 角度探討，可區分為＿＿＿＿＿＿＿、＿＿＿＿＿＿＿、＿＿＿＿＿＿＿、＿＿＿＿＿＿＿、＿＿＿＿＿＿＿等五大課程取向。

4. 體育課程從課程設計的角度，則可將課程分成＿＿＿＿＿＿＿、＿＿＿＿＿＿＿、＿＿＿＿＿＿＿、＿＿＿＿＿＿＿及＿＿＿＿＿＿＿。

5. 運動課程發展以＿＿＿＿＿＿＿、＿＿＿＿＿＿＿、＿＿＿＿＿＿＿、＿＿＿＿＿＿＿、＿＿＿＿＿＿＿、＿＿＿＿＿＿＿等六大向度為主軸。

二、申論題

1. 請討論終身運動參與的價值。

　　答：

2. 請討論教師 / 教練個人風格的重要性。

　　答：

3. 請說明運動課程設計步驟。

答：

4. 請說明運動課程設計之依據。

答：

5. 請解釋運動課程的定義。

答：

得　分

學後評量——
運動健康科學概論

班級：＿＿＿　學號：＿＿＿

姓名：＿＿＿＿＿＿＿

第9章
運動與健康就業市場

填充每題5分，申論每題15分

一、填充題

1. 個人追求自我實現的就業經歷即是＿＿＿＿＿＿＿＿，　受限於個人經歷與組織結構。

2. 時下健康與健身公共意識的增長與相關企業參與崛起，＿＿＿＿＿＿＿＿＿＿＿＿和＿＿＿＿＿＿＿＿＿＿＿＿行業仍然是世界上增長最快的產業之一。

3. 對教學有興趣者，體育教育可能是一個不錯的選擇，職業生涯路徑還有更多的角色，從教學到成為一個＿＿＿＿＿＿＿＿＿指導客戶和學校場域中的兒童。

4. ＿＿＿＿＿＿＿＿＿是美國運動醫學會 (ACSM) 重要的核心理念。

5. 美國著名經濟學家，保羅・皮爾澤，在其著作《財富第五波》中，將＿＿＿＿＿＿＿＿＿＿＿＿＿＿稱為繼第四波網路革命後的明日之星。

二、申論題

1. 請依時代背景說明職涯定義為何？

答：

2. 現今，常見具備認證資格的健康與鍛鍊專業人力有哪些？

答：

3. 請整合說明運動與健康主修科系，專業培育宗旨（任務、使命、目的）與目標和運動與健康就業市場的關係。

答：

4. 請概述運動與健康職涯專業證照的種類和重要性。

答：

5. 請蒐集相關文獻，討論運動與健康產業的市場規模與趨勢。

答：

得　分

學後評量——
運動健康科學概論

班級：＿＿＿＿＿學號：＿＿＿

第 10 章
科技與運動健康

姓名：＿＿＿＿＿＿＿＿＿＿

選擇每題20分

一、選擇題

1.(　　)科技不是打造智慧城市的唯一關鍵，相關應用要貼近民眾的＿＿＿＿＿才是眞正的智慧生活。 (1) 需求　 (2) 便利性　 (3) 興趣　 (4) 以上皆是。

2.(　　)英國針對超過兩千名的成年人進行調查，發現個人生命中最重要的五件事，前兩名分別爲＿＿＿＿＿與＿＿＿＿＿最受重視，顯示健康重要性。 (1)「自己的健康」與「重要他人的健康」　 (2)「自己的工作」與「前途」　 (3)「自己的收入」與「下班時間」　 (4)「自己的旅遊」與「聚餐」

3.(　　)一個人並不是沒有疾病就算得上是健康，還需要有體力、＿＿＿＿與＿＿＿＿。 (1)「自己的健康」與「重要他人的健康」　 (2)「魅力」與「美麗」　 (3)「健康的心理能力」與「良好的社會文化適應能力」　 (4)「應對能力」與「生存能力」

4.(　　)設備、連接與 IT 服務將構成全球物聯網市場的主要市場，將囊括高達＿＿＿＿的物聯網市場佔有率。 (1) 三分之一　 (2) 三分之二　 (3) 四分之一　 (4) 十分之三

5.(　　)智慧健康城市的建構策略，必須因應產業需求與社會需求而設，可由＿＿＿＿與＿＿＿＿兩大進程思考。 (1)「策略規劃」與「目標實現」　 (2)「長官規劃」與「選民實現」　 (3)「藍海規劃」與「獲利實現」　 (4)「短線規劃」與「長期實現」

得　分

學後評量——
運動健康科學概論

第 11 章
運動安全

班級：＿＿＿　學號：＿＿＿
姓名：＿＿＿＿＿＿＿

填充每題5分，申論每題12.5分

一、填充題

1. 所謂＿＿＿＿＿＿＿傷害預防，是運動前主動積極的行為來降低運動傷害的發生率或者是降低傷害的程度。

2. 在運動訓練的過程中，＿＿＿＿＿＿與＿＿＿＿＿＿的比重必須達成配比，若超過身體的負荷，則容易產生運動傷害。

3. 當運動傷害發生時，如何能在＿＿＿＿＿＿了解＿＿＿＿＿＿及＿＿＿＿＿＿，並做出適當的處置，使得傷害受到控制，並即刻送醫，並向醫生敘述發生原因及處理方式，使得黃金時間發展最大的效果。

4. 急性運動傷害處理原則五步驟為＿＿＿＿＿＿＿、＿＿＿＿＿＿＿、＿＿＿＿＿＿＿、＿＿＿＿＿＿＿、＿＿＿＿＿＿＿。

5. ＿＿＿＿＿＿＿運動處方：以健康者為對象，主要是防止過勞。

二、申論題

1. 解釋熱身運動與緩和運動的共同性與差異性？

答：

2. 試述貼紮的功能？

答：

3. 解釋傷害及處理的方法？

　　答：

4. 何謂運動處方？

　　答：

5. 運動防護室有幾個區塊及功能？

　　答：

6. 合格的防護員必須具備哪些條件？

　　答：

得 分　　　**學後評量—**
　　　　　　運動健康科學概論

班級：_____ 學號：____

姓名：_____

第 12 章
Q & A

填充每題5分，申論每題15分

一、填充題

1. 離運動鍛練時間越短，進食應該以攝取_____和_____
   食物為原則。

2. _____的有氧活動是指任何活動，能夠引起輕微但感受的到的呼吸和心
   跳增加的運動強度。

3. _____的運動是只能用身體當作抗力來源的運動型態。

4. 1MET（Metabolic Equivalent；代謝當量）：_____，被定義為每公斤體
   重每分鐘消耗 3.5 毫升的氧氣。

5. 在高強度或長時間的運動後，身體非常敏銳的感受到要吸收和替換剛剛被消耗的營
   養物質和水分，和幫助修補復原。這個時期就是知名的_____。

二、申論題

1. 什麼是有氧運動？

   答：

2. 什麼是運動後的恢復？

   答：

（請沿虛線撕下）

3. 運動後水分的補充是什麼？

　　答：

4. 什麼是代謝徵候群？

　　答：

5. 什麼是身體質量指數？

　　答：